写作突破

从构思到完成的 5 堂高效写作课

孙文琴　爱丽丝 著

北京大学出版社
PEKING UNIVERSITY PRESS

内 容 提 要

本书从写作的基础知识讲起，结合创作者的实际写作经历与写作教学经历，重点介绍了影视剧本、漫画脚本、网文、短篇小说、影视向 IP 与出版小说的写作技法。

本书内容通俗易懂，案例丰富，实用性强，适合零基础、想学习写作、实现职场自我进阶的读者阅读。

图书在版编目（CIP）数据

写作突破：从构思到完成的5堂高效写作课 / 孙文琴，爱丽丝著. — 北京：北京大学出版社，2024.1
ISBN 978-7-301-34605-1

Ⅰ.①写⋯ Ⅱ.①孙⋯ ②爱⋯ Ⅲ.①汉语 – 写作 Ⅳ.①H15

中国国家版本馆CIP数据核字(2023)第209873号

书　　　　名	写作突破：从构思到完成的5堂高效写作课 XIEZUO TUPO：CONG GOUSI DAO WANCHENG DE 5 TANG GAOXIAO XIEZUOKE
著作责任者	孙文琴　爱丽丝　著
责任编辑	王继伟　杨爽
标准书号	ISBN 978-7-301-34605-1
出版发行	北京大学出版社
地　　　　址	北京市海淀区成府路205号　100871
网　　　　址	http://www.pup.cn　新浪微博：@北京大学出版社
电子信箱	编辑部 pup7@pup.cn　总编室 zpup@pup.cn
电　　　　话	邮购部 010-62752015　发行部 010-62750672　编辑部 010-62570390
印　刷　者	大厂回族自治县彩虹印刷有限公司
经　销　者	新华书店
	880毫米×1230毫米　32开本　8印张　232千字 2024年1月第1版　2024年11月第2次印刷
印　　　　数	4001–6000册
定　　　　价	49.00 元

未经许可，不得以任何方式复制或抄袭本书之部分或全部内容。
版权所有，侵权必究
举报电话：010-62752024　电子信箱：fd@pup.pku.edu.cn
图书如有印装质量问题，请与出版部联系。电话：010-62756370

序言 Preface

他山之石，可以攻玉

文 / 刘莹莹（芭溪文化传媒创始人）

会出版这样一本书，是因为文学是我的多年所爱。我一直在想：我能不能为那些默默耕耘的写作者，为那些藏匿在人群里跃跃欲试的文学爱好者做点什么呢？

多年来，我深耕于影视行业，接触过许多优秀的作家和编剧，他们有丰富的写作经验，于是我常想，为何不将他们组合起来，一起写一本真正看完就能动笔的写作教程？

我能做的，是利用自己的工作经验和行业优势，为作者建立一座连接市场的桥梁，我希望帮助大家更好地理解如今商业写作的市场需求，给大家提供一些写作方向和思路。很多作者朋友才华横溢，但写了很多文章都没有办法变现，很多时候，这并不是因为写作能力不过关，而是我们的作者朋友并不了解市场需求，不知道读者想看什么、投资方想找什么样的作品。也许换一个表达方式，换一下情节安排，或者在人物塑造方面稍做调整，作品就能让大家眼前一亮，得到读者的喜爱，得到影视制作方的版权收购邀约。

我之所以选择投身文化产业，是因为长久以来，我始终对写作这件事怀有憧憬。我希望更多有才华的作者，有机会实现自己的商业价值，精准抓住商机，实现名利双收。基于这个目的，我向几位老师发出邀约，希望他们能参与撰写这么一本关于写作的书。

老师们非常热情，也很谦虚，毫无保留地分享了自己宝贵的创作经验。他们写作的历程不同，方向不一，所以分享的内容是多面的。我更愿意把写这本书当成一种"分享"，而不是一种"教导"，因为每个人写作的路子是不一样的，方法也必然会有不同，有可能对我而言非常有用的写作技法，另一个伙伴使用起来，就多有掣肘。所以，希望各位读者朋友在阅读本书的过程中，不要照搬老师分享的经验，而是通过学习各位老师的经验，摸索出适合自己的写作技法。

他山之石，可以攻玉，如果这本书能成为启发读者新思路的契机，笔者会非常满足！

写作是一种非常高级的创作过程，我们写作的目的很多，有些人为了工作而写作，有些人为了实现梦想而写作，有些人则为了倾诉自己内心的世界，记录自己的一次心动、记录一次花开的生机、记录生活的一缕清风而写作，这些写作动机都值得尊重，每个人的作品都值得珍藏。而我，期待着这本书能燃起更多人写作的热情，能给予更多作者启发，让大家都体会到写作的快乐。

我还有一点小小的私心：如果看过这本书的你，在将来的某一天，作品荣登热门榜，或者写的故事被改编成电视剧、电影、广播剧，请一定要把这个好消息分享给我们，让我们能共同感受你成功的喜悦。

岁月从不忘来路，愿你春与青溪长

文 / 籽月

上一次为爱丽丝的书写序，还是 2016 年的事儿，转眼，时光已经过去 7 年了。

我们在一起做过很多事儿，她是我的专栏书《蔚然成风》的编辑。她是一个追求完美、精益求精的人，为了给《蔚然成风》拍出更好的插图，她带着我和摄影师、化妆师，一起去泰国待了整整半个月，为了选哪张照片做封面，她和我争得面红耳赤。

我们一起去过很多城市，一起在北京看某大神作者的电影首映礼；一起去杭州、长沙、衡阳等地的大学为《迷路在纽约》这本书做讲座。

她说她要做一位爆款书编辑，我说我要写出更有深远意义的作品。

我们都有自己的文学理想，年轻总是灼灼闪光。

后来，她做我的新长篇小说《天亮了，你就回来了》的编辑，我们会一起讨论大纲和正文，每想到一个新的点子，我总是很激动地在微信上呼唤她："喂，你看这段我这样写怎样？"

出版后，这本书大卖，在番茄小说上有四十多万人阅读，十万人点评，也卖掉了影视版权，取得了还不错的成绩。

再后来，她离开了原来供职的图书公司。

她创业，邀我讲写作课，我戴着牙套，说话不太方便，但还是全心全意地帮她录制了课程，因为我和她一样，希望自己的微薄之力可以帮助到更多的文学爱好者。

回忆过往，细细数来，才发现我们有这么多的共同经历。

我们也吵过架、剧烈争执过。

但是岁月宽容，时过境迁，回忆起来，我觉得在文学的追梦路上，有这样一位志同道合的相伴者，很是温暖。

这本书，是她创业后第一次将做了三年的写作课内容结集出版的书。撰稿时，她邀请了在影视剧本、漫画脚本、网文长篇、网文短篇等方面非常专业的老师，细分了各个写作领域，详细讲解了每个领域的入门课程，书中分享的很多基础理论知识对新人作者很有帮助。

尤其是一些喜欢写作但是不知道自己适合写什么类型的书的作者，可以看看这本书，找到自己的擅长点，毕竟，做自己擅长的事，才更容易拿到结果。

希望看完这本书的每一个喜爱写作的小伙伴，都能实现自己的梦想。

岁月从不忘来路。

愿你春与青溪长。

籽月：国内一线青春畅销书作家，代表作《夏有乔木 雅望天堂》《天亮了，你就回来了》《初晨，是我故意忘记你》（改编影视剧名《与晨同光》，白敬亭主演）。

目 录 Contents

第一章 影视剧本写作

01 编剧入门基础知识 /002
02 故事大纲创作技巧 /013
03 人物与人物小传的创作 /020
04 故事素材的选择 /027
05 故事分集的写法 /035
06 故事分场的写法 /043
07 台词写作技巧 /048
08 剧本初稿及反复修改 /057
09 故事结构的分类 /062
10 与资方、平台的合作流程及注意事项 /069

第二章 漫画剧本写作

01 漫画剧本创作常识 /076
02 故事线处理及人设塑造 /085
03 漫画分镜头脚本的创作 /092
04 如何组合完整的漫画文字脚本 /099
05 经典项目案例分析 /106
06 漫画编剧的职业规划 /113

第三章 网文写作

01 什么是网文 /117
02 如何找准写作风格定位 /124
03 如何写长篇小说的大纲 /127

04 能让小说点击量暴增的书名与简介怎么写？ /135

05 开篇怎么写才能吸引读者，提高留存率？ /138

06 怎么打造高质量人设？ /151

07 怎么丰富剧情，吸引读者？ /158

08 正文需要避免的"雷区"和"毒点" /171

第四章 短篇小说写作

01 从零开始，从"灵"开始 /185

02 小说构思七大要素 /188

03 怎么塑造经典人物 /195

04 人物的特殊性 /196

05 人物的完整性 /200

06 人物的多面性 /203

07 人物的逻辑性 /206

08 短篇小说投稿注意事项 /219

09 知乎风小说写作要点 /221

10 打造爆款知乎风短篇小说 /226

第五章 影视向 IP 与出版小说写作

01 什么样的小说更适合影视改编？ /232

02 适合影视改编的小说类型有哪些？ /235

03 新人在写影视向小说时应该注意什么问题？ /236

04 男性向 IP 和女性向 IP 的区别 /237

05 青春向 IP 和成人向 IP 的区别 /240

06 影视向 IP 和出版向小说的写作区别 /242

07 开头如何写能吸引影视制作方 /246

Chapter 01 第一章

影视剧本写作

作者:孙文琴
满美影视公司 CEO、影视编剧、制片人
代表作《千秋风雨林则徐》

01 编剧入门基础知识

如果你想做编剧，要怎样入门呢？

这个话题非常庞大，涉及的内容极多，但若要从根本上总结，编剧的基础无外乎两点：天赋＋勤奋，缺一不可。

这其实是老生常谈，这个公式用在这世间的任何一个职业上都成立，编剧这个职业也不例外。

没有天赋却很勤奋的人，大多能写出作品，但是写不出优秀的作品。

有天赋却不勤奋的人，则有极大概率根本写不出任何作品。

天赋

要怎样判断自己有没有天赋？很简单，思考两个问题：第一，你想不想写？第二，你为什么而写？

对于这两个问题，每个人的答案都不一样，当你真正能够想明白这两个问题的答案后，你就可以动笔了。

这个时候很可能会有人问：我写什么类型比较好？

笔者给的答案是：写你最想表达的故事。写完后，把你的故事拿给你身边的人看，或者匿名发在网络平台，看看网友的评价，不管他们怎么评价你的故事，你都得到了反馈。

接下来，你要做的是正确看待这些评价，不要因为负面评价打击了你，你就气馁，但可以因为得到了正向反馈，提高自己的写作热情。找到擅长鼓励你的读者很重要，比如笔者从来都是鼓励新人的，哪怕是一块泥巴，笔者也会说，这块泥巴黑得好有特点。因为鼓励的力量是无穷的。

可作为创作者必须清楚地知道，不可能永远有人鼓励你，你必须学着接受打击，学会换位思考：他为什么这么批评我？

在面对批评的时候，很多人的第一反应是"他不懂我"，或者认为"这个世界没人懂我"，这些想法都是情绪化的，不够理智，一个没有理智、不能以平常心看待批评与建议的创作者，是永远不可能找出自己存在的问题的，也就几乎没有办法改正自己的缺点，让自己更快进步。

批评与打击对编剧来说太常见了，所以，如果你真的想当一个编剧，学会与批评、打击和平相处很重要。否则很可能还没推开入行编剧的门，自己的情绪就先崩溃了。

在你接收到负面反馈，觉得别人的批评和打击让你崩溃的时候，一定要想想最开始的那两个问题：你想不想写？你为什么而写？

可能有读者此时会问：既然他们总是打击我，我为什么还要给他们看自己的作品？

因为剧本本身是商品，它的价值来自被更多人看到。

剧本是商品，这对很多有文学梦的朋友来说，是件很残酷的事。

在很多尚未入行的人看来，剧本是一个神圣的"作品"，但是笔者接下来的话要打破你们对剧本的"滤镜"，剧本本身并没有浪漫的色彩，它只是视听语音的基础呈现，编剧写的每一个字都要有所指，要有画面感，要能拍出来。剧本只是影视剧拍摄的一个工具，从根本上看，和说明书没有太大的区别。

明确这一点，可以帮助很多浪漫主义者戳破关于"剧本"这个名词的幻想泡沫，没有了过高的期待和幻想，就可以更坦然地面对他人的批评与打击，进而拥有一个相对良好的心态。

保持良好的心态这件事说起来容易，想要做到需要经历一个非常艰难的过程，在这个过程中，你能确定自己有没有天赋。

关于天赋，笔者想告诉你一个秘密：这世上没有天赋的人少之又少，绝大多数人只是暂时没有发现自己的天赋所在而已，在很多时候，只要坚持坚持再坚持，就会发现自己的天赋不知何时已经出现了。

勤奋

除了天赋，做编剧的另一个基础技能是勤奋。

要勤奋到什么程度呢？起码要先让写作像吃饭、喝水那样日常，再让其像呼吸一样自然。

笔者见过太多人在写作之前要举行各种"仪式"，有的甚至以年为单位作为准备时间，这样能写出什么作品来？

在这里，笔者教给大家一个小技巧，如果你实在写不出来，那么就坐在电脑前，打开文档，就算写不出来，也要坐完今天的写作时间！你必须给自己设定严格的考勤制度，考勤人与被考勤人都是你自己，这样看起来很傻，可是你坚持了一天、两天、三天、五天之后，你会发现，有些文字和剧情，你不需要竭尽全力地去拼凑，它们就自然而然地出现了。

只要开始写，你的编剧事业就开始了。

写着写着卡住了怎么办？重复上述动作，直到你思如泉涌的那一刻出现。

这些都是笨功夫、慢功夫，也是编剧的基本功、入门功，在这个行业中，没有人会逼你，因为大家都很忙，只有自己逼自己，反复问自己开头那两个问题：你想不想写？你为什么而写？在这种"灵魂拷问"中，日复一日地坚持着，磨炼着，直至享受着。

编剧入门的七种方式

基本功达标，也能够写出完整的故事情节后，怎样踏入编剧这个行业的大门呢？

笔者认真总结了七种方式：第一种是求学，至科班毕业；第二种是认个师父；第三种是加入一个创作团体，编剧公司或者工作室都行；第四种是给自己找一个经纪人；第五种是"曲线救国"，先入职影视公司做策划等相关工作，再寻找机会，近水楼台先得月，转岗成为编剧；第六种是直接去剧组找机会；第七种可以概括为其他方式。

不得不说，随着网络剧、网络大电影，甚至新媒体短剧的蓬勃发展，相比数年前只有电视剧和电影需要编剧的行业环境，现在的机会实在太多了，以上七种方式，都可能让你在编剧行业站稳脚跟。那么，哪一种入行方式更适合你？

笔者的建议是，七种都试试。

第一种方式不局限于全日制学习，很多影视学院、相关机构有各种学习班、交流班，在学习相关知识的同时还能拓展人脉。这里，笔者要强调一下人脉的重要性，这七种方式，都建立在拥有业内人脉的基础之上，但是大家可别误会，笔者说的拓展人脉不是让你溜须拍马，而是要实实在在地结识能够对你的编剧事业有所帮助的人。

编剧要写出好故事，很重要的一点就是要交流，从对方的身上学到经验或者得到灵感。交流对象需要精挑细选，对方的身份、学识、三观，你都要仔细分辨，否则"交流"半天，发现对方是个"忽悠"，付出的时间和精力都打了水漂，只能安慰自己又多了一个写作素材。

第二种方式是找个师父，这是最传统的方式，在以前编剧机会少的时候，除了极个别天才，绝大多数人都需要找个师父带自己写，基本上不错的编剧都有一个或数个师父。先跟在师父身边做会议记录、找材料、记录灵感，这是在锻炼基础写作技能，是一个漫长的过程，再根据师父写的剧本学格式、学步骤、学流程，日积月累，直到能接下师父写出的剧本的后几集的写作，才算学有小成。

第三种方式很容易，打开搜索网站，输入"编剧招聘"四个字，你会发现惊喜。这里需要关注的是，一定要学会甄别信息的真假，要在充分保证自己权益的情况下动笔。

第四种方式，找到自己的经纪人，现在有专门的编剧经纪公司，可以提供多种合作方式，你可以先多去了解、比较，再选择一个适合自己的。选择经纪公司前需要慎重考虑，尤其要注意合同是否合理。

第五种方式相关的招聘信息很多，任何一个影视公司都需要策划，也有很多编剧曾经当过策划，一边学习，一边积攒人脉，同时还能盯着最靠谱的机会，灵活机动。对很多人来说，简直没有比这更妥当的方式了。

第六种方式要相对艰苦一点，毕竟剧组里一个萝卜一个坑，每个职位都很重要，也很辛苦。最好的入门渠道是做跟组编剧，但是一般刚入行的新人很难得到这个机会，因为跟组编剧的门槛太高了，稍微有点规模的剧组，都不会放心将剧本交给一个新人。更多时候，新人在剧组里是场工或外联，但看得多了，懂得多了，写出的剧本自然不一样，故事内容会更接地气，写作技巧也更加实用，毕竟经验都是从实战中得来的。

第七种方式，往往与意外和运气有关。笔者给大家讲个小故事：13年前，笔者在一个剧组担任编剧，把剧本发给甲方后并没有及时与甲方确认对方是否收到，因此笔者并不知道剧本其实并没有发送成功，这导致笔者在等甲方反馈，甲方在等笔者的剧本，两方都不好意思相互催促，事情便耽搁了下来。笔者公司的一个员工很着急，等待过程中悄悄在笔者原来的剧本上做了加工，等笔者和甲方误会解除，他的剧本也改好了，并提交给了笔者。笔者一看，他加工得还不错，可以带一带，由此他就正式踏上了编剧之路，至今，他和笔者依然是很好的工作搭档。

在明确了天赋和勤奋的正确打开方式后，就可以正式开始你的编剧之行了。

一句话故事核

接下来要正式进入剧本创作阶段，在此必须先介绍一下"一句话故事核"，这是剧本非常重要的组成部分。顾名思义，"一句话故事核"就是用一句话来阐述整部电影或者电视剧的核心。无论是制片人，还是国家电影局或国家广播电视总局的工作人员，都是没有那么多时间看完整部电影或电视剧剧本的，所以需要编剧用一句清晰的话来阐明故事的主要内容是什么。如果实在做不到一句话，就用尽可能少的语句来讲清楚。

在生活中，无论是影评，还是杂志、网络上关于某部电影、电视剧的介绍，通常开篇第一句话都是用最简单的阐述来告知大众该作品讲的是一个什么故事，这句话就是"一句话故事核"。

对于编剧来说，如果自己都无法提炼出故事核心，那茫茫写作内容，要如何取舍呢？编剧不能随心所欲、没有边界和目标地写，这样会给甲方和身为乙方的自己带来无数困扰。剧本是特殊的商品，在大家都在强调影视要工业化的如今，剧本创作一定要尊重商业剧本的流程和规则。所以，创作任何影视作品的剧本，哪怕是一个小短剧，编剧都要刻意训练自己，将十几分钟、几十分钟，或者更长时间的影视作品剧本提炼成一句话。哪怕一开始提炼得不太好也没关系，形成这样的提炼思维后，大脑在面对类似工作时就会有一个下意识的反应，这对于创作者来说是非常有益的。

接下来具体阐述怎样进行一句话故事核的概括提炼。

简而言之，就是写清楚什么人要干什么事情，核心要点是简单、吸引眼球。

例如，你要写一个刑侦剧本，主角是一位警察，就要想清楚警察要干什么，他是要去缉毒还是去当卧底？主人公、事件，是编剧要向所有人传递的强烈信息，就可以根据主人公+事件提炼一句话故事核。比如经典的法国喜剧片《你丫闭嘴》，讲的是冷漠的杀手卢比遇到热心肠但愚蠢的钢蛋，两人为了逃离监狱而发生的故事，一句话就能讲得清清楚楚，明明白白。又如电影《立春》讲的是小城女青年为了实现自己歌唱家的梦想，一直与现实抗争的故事，一句话就讲清楚了什么人要做什么事情，非常简单。再如电视剧《琅琊榜》，讲了沦为政治牺牲品的"麒麟才子"梅长苏蛰伏12年后复仇的故事，"复仇"这样一条清晰的故事主线，洋洋洒洒地勾勒出《琅琊榜》中复杂的人物图谱和庞大的故事支线，所出现的每一个人和故事支线都与梅长苏有关，这就是一句话故事核的重要性。

故事中所出现的每一个人和事件，如果不能直接或间接地与主角相关联，编剧就要反思自己的创作方向是不是错了。最后再举一个例子，电视剧《欢乐颂》讲的是五个来自不同家庭、性格迥异的女孩相互帮助、共同成长的故事，故事的重点是相互帮助，如果编剧写了很多相互拆台、争吵的戏，是不是就偏离主线了呢？所以，慎而又慎地总结出了一句话故事核后，在接下来的创作中，就不要轻易更改了，因为这是编剧的方向标，一旦偏离，就算跑得再快，也永远到不了彼岸，跑得越快，偏得越远，南辕北辙。

一句话故事核的构成

在上一节里，笔者简单介绍了一句话故事核的提炼方法，那这一节就讲一下，如何充实一句话故事核。优质的一句话故事核不是干巴巴的描述，而是精简、带有强烈感情色彩的内容，达到突出故事内核的目的。

首先，在描写主角的时候，要强调其鲜明的特质。比如《你丫闭嘴》里，两个主要角色的性格各不相同，且都很复杂，不可能全部描写出来，那么作为编剧，就要提炼出最精准的两三个字来分别描述两位主人公，即一个是冷漠，一个是话痨，这种具有冲突性的描述词汇让这两个人本身具有了戏剧冲突。又如《立春》讲的是一个非常具有悲剧色彩的理想主义故事，主人公是一个什么样的人呢？哪个词可以最大限度地形容女教师王彩铃呢？说她理想主义可以,说她坚强可以,说她悲剧也可以,但是这些词都不足以突出她的特质,反复斟酌,只有"执拗"这个词才能准确概括她的性格,既不是赞歌,也不同情怜悯,而是一种很客观的中性表达。"性格决定命运"这句话在王彩玲身上、在《立春》这部电影里体现得淋漓尽致,无论作为旁观者还是创作者,恐怕都无法对她本身做出很简单的评价,这已经上升到一个哲学高度——人生的意义对于每个人都是不一样的。

其次,用几个字表述主角想干什么。主角的欲望一定要非常强烈,这件事必须做,非做不可,而且愿意为了做这件事情付出任何代价。随便举几个例子:《天使爱美丽》《海上钢琴师》《我不是药神》《亲爱的》等,在这些优秀的影片中,所有重要角色所展现出来的独特的性格,都随着时间的沉淀而越发鲜明。虽然时代在变,但人类的感情是相通的,当编剧把一个鲜活的人物放在他非做不可的事情里的时候,人物就会在故事里永生。

最后,解决主角怎么干的问题,也就是主角的行动线。还是用电影《立春》举例子,王彩铃为了实现当歌唱家的梦想,无数次奔波在老家与北京的列车上,这种奔波不足以概括她的人生和精神世界,只是描述她的行动线之一,所以编剧要提炼,提炼到用几个字把她在小城的压抑、苦闷,及对北京无限的向往全部囊括。她所做的一切都是对理想的追求,可是她总追求不到,于是陷入了无限挣扎的状态,"挣扎"就是对她想做什么以及怎么做的描述。

这样分析后,编剧就可以精准地提炼出电影《立春》的一句话故事核：性格执拗的王彩铃为了实现当歌唱家的梦想不断在现实生活中挣扎的故事。看，主人公有了，性格有了，强烈欲望有了，行动线也有了。其他影片的一句话故事核也是这样逐渐提炼的。所以，提炼一句话故事核，需要编剧像剥洋葱一样，一层层地剥，剥到最核心的那一层，选中最精准的那几个字，字字珠玑。

综上所述，一句话故事核的构成公式，就是主人公＋行为＋欲望＝结果。这个结果有两种，一种是肯定式，一种是开放式。肯定式结果如电影《我不是药神》，讲述的是神油店老板程勇从一个交不起房租的男性保健品商贩，一跃成为印度仿制药独家代理商的故事，主人公的欲望得到了完美的解决。开放式结果则相反，观众不知道问题有没有解决，可能解决了，也可能有新的问题出现，也就是悬念，比如电影《亲爱的》，讲述以田文军为首的一群失去孩子的父母寻找孩子，及养育被拐孩子的农村妇女李红琴如何为夺取孩子而抗争的故事，李红琴在得知自己不孕的真相以后命运走向如何？随着影片的结束，观众开始了一段新的思考，这就是开放式结果。

大多数动作片、悬疑片、喜剧片喜欢用肯定式结果，因为观众看这类电影时，通常要求问题有一个结果，要么危机得以解除，要么大团圆，最好符合故事五幕剧的结构；开放式结果则是剧情片、科幻片、文艺片用得比较多，因为答案在每个观众的心里是不一样的，比如经典电影《禁闭岛》，主角到底是检察官还是精神病人？又如电视剧《我的前半生》大结局中，男主角贺涵说："我爱你，或许没有结果，但我会等，多久都会等。"女主角罗子君说："我爱你，对不起，再见！"这样的结局和对话让人不胜唏嘘，他们以后会怎样？会不会在一起？一千个观众会有一千个想法。再如张艺谋的电影《影》，最后一幕是小艾跑到门后面，惊恐地看向门外，至于她到底看到了什么，影片中并没有给出答案，给观众留下了数种猜测，加深了故事耐人寻味的可看性。

02 故事大纲创作技巧

如果将完整的剧本比作一座高楼，那故事大纲就是建造高楼的图纸。

任何剧本都是从一个创意开始的，这个创意可能构思良久，也可能是灵光一闪，更多的是甲方委托乙方（编剧）进行创作。无论从哪种形式开始，剧本的雏形都不是完整、详细的故事，而是一个简单的框架。

写好大纲，不仅方便创作，也方便稿费结算。

写大纲是剧本创作正式开始的第一步，也是落实创意的有效路径。为了使影视公司等甲方与编剧的沟通更有效率，笔者建议，开始写正式大纲前，编剧先把自己的创意写出来，言简意赅，三五百字足矣。之所以强调字数，是因为这是行规，记住，作为编剧，你的每个字都很珍贵，审看剧本的人的时间也很珍贵，有效描述你的故事即可，不要有任何多余的表达。

别小看这三五百字，它既要表达你的创意精华，又要埋下让人想看下去的"钩子"，同时要保留你的核心情节，这个情节必须深深地吸引着每一个看到这个故事的人。写这三五百字的时候切忌啰唆，千万不要用太多情绪类的词，否则会导致自己看时情真意切，其他人却看得云里雾里，不知道你究竟想要表达什么。

这三五百字可叫创意，也可叫故事纲要、故事概述，直接决定了你有没有继续写更详细的故事大纲的机会和可能。

如果你的创意表达清楚了，而且让甲方很满意，那就可以正式创作大纲了。此时要记得，正式创作之前，必须把合同签好。

一个完整的大纲包括五个部分：思想主旨，故事核，故事类型，人物小传及关系，故事情节。

除了以上五大部分，其他可根据项目的具体情况增加，比如故事风格、目标人群等。总之，要文字简练、重点突出。

思想主旨

为什么思想主旨在第一位？因为它是作品的创作意义所在，故事表达了什么、表现了什么、发扬了什么、抨击了什么、展现了什么……它是题眼，是全文的核心，也是全文几万字到几十万字表达到最后的精神所指，要有意义、有深度、有独特的价值观。思想主旨的字数最好控制在 100 字以内，风格要与故事契合，比如写一个奋斗的故事，用词要激昂一些；写一个家族斗争的故事，用词要深邃一些；写一个青春的故事，用词则要稍显活泼。

要记住，审稿人是通过你笔下的每一个字来完成他对故事的认知与想象的。所以，用字必须讲究。

故事核

咬文嚼字地斟酌完思想主旨后，下一步就是确定故事核，就是刚刚讲到的一句话故事核。

前文刚刚介绍过一句话故事核，即用一句话讲清楚故事讲了什么内容，这一句话不要超过 60 个字，且要有人物、有目标、有行动。

提炼一句话故事核并不是能轻松完成的，往往需要按照前文提到的公式不断审视、斟酌，反复组合、排列，看看哪个组合更能表达故事的真实内容。

这项工作是琐碎且枯燥的，唯有热爱才能觉得趣味无穷。

特别提醒一点，故事核要体现故事的弧度转变。这句话很好理解，就是主人公开始怎么样，后来怎么样，结果怎么样，他的境遇一定要有明显的转变，就像灯下的优美弧光。

为了这 60 个字的与众不同，请反复练习。

故事类型

故事类型,就是说明你的故事是一个悬疑剧、爱情剧、家庭伦理剧,还是一个动作片、儿童片、喜剧片。故事类型不能模糊不清,要选定一个最符合内容的。

随着时代的发展,观众的观影偏好也一直在变,创作者在故事类型上也要不断地做出新的尝试和突破,比如把多元素放在一个主类型里。记住,还是要先确定主类型,再有机调和其他类型的元素。这需要很强的功底和耐心,有的很成功,有的却弄巧成拙。

因此,笔者建议新人先认真地分析故事类型,把自己的故事定好类型,再按照这个类型的规则去写。比如剧本定位是悬疑片,千万不要写着写着写成爱情片;写喜剧片,不要写着写着写成悲剧;写战争时期的青春励志片,切忌写成枪战片。这是新人很容易犯的错误。

为了避免犯这些错误,写剧本的过程就要像推进一个工程,要有步骤、有规则地逐步完成,提前给自己的剧本设定好限制,列出哪些该写、哪些不可以写。这些条条框框,一方面可以不断帮助编剧厘清思路,另一方面可以帮助编剧随时检查现在的步骤是不是出了问题。

比如写大纲时,你想洋洋洒洒地发展一下男主的感情史,就要不断地翻看前文,以确定这些叙述不会干扰故事类型的定位;写分集或分场时,想挖掘一下主人公的凄惨背景,要翻翻看故事大纲是怎样的脉络，以决定用怎样的方式处理这个背景叙述；在某一段剧情写得特别顺手、觉得可以"放飞自我"的时候，要时刻提醒自己不要偏离已经确认的设定，因为前面的工作是经过甲方确认的，你随意一改，后面的剧情怎么推进？当然，有些创作者可以圆回来，但是对一个新人来说，不出错，少给自己增加额外的工作量，才是上策。

因此，虽然故事类型只有寥寥几个字，但是决定了故事风格与走向。打个比方，甲方要的是一座筒子楼，可你盖出了一栋别墅，就算别墅再好，与需求不符，甲方也不会接受。

人物小传及关系

接下来讲人物小传及关系，这里仅作简单介绍，后文还有一节专门进行展开讲解，因为它对剧本来说非常重要。观众看剧后印象最深刻的就是人物，人物能否给观众留下深刻的印象，是一个剧是否受欢迎的标志之一。

一样的故事，换成不同的人物，其结果截然不同，编剧写故事最终是写人。

人物小传也称人设，具体内容包括人物性别、年龄、职业、背景、性格、爱好等，这些设计得越细致，人物越丰满，剧中人仿佛是观众身边的人，会让观众有很强的代入感。

把一个个人物设计出来后，要排列组合他们之间的关系，这就是人物关系。如果只写人物，不写关系，戏就串不起来。在设计人物的时候，要先把男一号、女一号设计出来，在此基础上，再设计与他们相关的男二号、女二号及其他副线、支线人物关系。为了直观表现，很多创作者会画一个人物关系图，使自己的创作一目了然。

如果你发现作品中所有的人物都是"单个蹦"，都是自己干自己的事情，那说明你的人物关系要修改或者推倒重写。人物之间必须是相互影响的，一个结果套着另一个结果，人物关系之间也是有联结的，一个大三角套着一个小三角，这样才能形成人物之间的紧密结构和故事的连续性。如果有的人物不在这个三角体系里，要么是人物设计环节出了问题，要么是故事推进环节出了问题。

后文会详细介绍人物与人物小传的创作技巧，这里只是强调一下创作要点。

故事情节

经过前四项打磨，终于进入故事情节的创作阶段，在不断梳理前四项要素的过程中，编剧的思维越来越清晰，已经明确自己要写的是一个什么样的人带着什么样的目的做一件什么事，结果发生了什么，最终留给观众一个情理之中、意料之外的结局。

这样的写法保证了故事的曲折性，故事的人物与背景不同，呈现的情节就截然不同。好比写一个小偷，清朝的小偷和现在的小偷能一样吗？他们干的事情或许相似，但是因为人物和背景不一样，所呈现的剧情会完全不一样。

所以，作为创作者，要有拨开迷雾看本质的本事，写大纲也是这样的过程。不过大纲毕竟是大纲，并非正文，字数不必太多。一般来说，电影剧本的大纲最多别超过四千字，电视剧剧本的大纲最好别超过一万五千字。但是也不要太短，电影剧本的大纲最起码要两千五百字，电视剧剧本的大纲八千字起。

大纲在结构上分为开始、发展、转折、高潮、结局。首先，要把大的情节节点在草稿本上标注出来：你的主角从哪里开始，做了什么事情，到了哪一步，正要怎样的时候发生了什么，结果遭遇了什么，诸如此类。其次，在大的节点之上，分若干个小的节点。最后，检查这些节点有没有逻辑上的错误，或者节奏上有无问题。调整的时候要注意一点，不是你想怎么调整就怎么调整，而是把自己剥离出去，让主人公发挥主观能动性，合情合理地处理一个个危机，而不是作者用上帝视角强行干预、安排，只有这样，才能获得人与事件水乳交融、浑然天成的效果。切忌将人物与事件分开，好的故事一定是人在事件中、人与事件相互影响的，人带着事件跑会过于刻意，事件带着人跑则很显生硬。

把这些大节点、小节点都梳理清楚，故事就成熟、清晰了，终于到了呼之欲出、非写不可的时候，这时正式动笔吧，争取一气呵成。

正式写剧本正文的时候有几个要点，那就是要把整个故事的脉络、承转起合都写清楚，总体上要干净利落，文字要简洁，每一句要有每一句的作用，千万不要有大段落的、对故事主线和人物塑造没有帮助的描写，可以抒发情感，但是要起到画龙点睛的作用。此外，在每一集结尾的时候,最好留下一个小钩子,比如人物的命运转折、出现一个隐瞒多年的秘密等。

03 人物与人物小传的创作

人物,毋庸置疑,是一个电影或电视剧中最核心的组成部分,而人物小传,就是要讲明白他们是谁,分别做了什么事情,以及他们之间的关系。

写人物小传前,要明确什么是人物小传。人物小传,顾名思义,就是用尽可能少的字数概括人物的性格、特点、事件和基本活动轨迹。其特点是精练,一般人物小传都是有字数要求的。不同作品的人物小传字数要求不同,比如策划书上的人物小传要控制在 50 字左右,醒目、标题化即可,比如御姐、辣妈、萌妹、糊涂爸等,最好具有很鲜明的特质,让人看一眼就能懂。给平台方、制片方的人物小传则需要更为细化,有的甚至需要细化到使用表格来标注主角的星座、口味、口头禅、爱好等,当然,这些信息并不是越细越好,而是要和剧情、人物设定相关,有血有肉、有细节、有特点。

如果别人看完你的人物小传,觉得一个人活生生地站在自己面前，那这就是一个成功的人物小传。因此，写人物小传时，用词一定要准确，不要有似是而非的词语，让人摸不着头脑，或者不精练，写了一大段，表达的其实是一个意思。这样不仅浪费别人的时间，也显得创作者很不专业。写作时，你要告诉自己，你的每个字都很贵，一定要"字有所指"，因此人物小传再长，也不要超过一千字。通常情况下，三五百字即可。

人物小传一定要表现出人物之间的差异性，即剧中人物彼此是不一样的，比如一个人说话总是很结巴，另一个人说话跟放鞭炮一样，这两个人的差别就显而易见了；又如一个人很温柔含蓄，另一个人特别热情奔放，人物差别只看文字也一目了然，不用花更多笔墨反复强调；再如要表现一个人潇洒，这个人怎么潇洒了？通过怎样的描写能表现他的潇洒？语言？行为？装扮？找出他独有的特点，人物就有新鲜感，能让观众耳目一新。

在同样的故事里，比如讲回家的故事，一样的回家路，不同的人有不同的走法，回家路上所遇到的事情也完全不一样。

人物小传的构成

人物的性别、年龄、职业、性格、故事线，都是人物小传的基本构成要素。编剧就像一个魔法师，在创造一个世界，安排哪些人诞生在这个世界里。有了这些最基本的信息以后，开始安排故事线，比如主人公为了一个什么目的而去做了一件什么样的事，他在做这件事情的时候又发生了一件什么事情，得到了一个什么样的结果。这就是这个人物的最基本的故事线。

人物小传的写作准则是既要精练，又要全面、深入。这既是标准，也是要求，需要大家反复练习。精练是不管在大纲创作阶段，还是人物小传创作阶段，抑或完整的剧本创作阶段，笔者都会反复提及的一个词，这是由剧本创作的工作性质决定的。剧本是所有剧组工作人员的工作本，如果剧本不精练，浪费的是所有人的财力、物力、精力。

但精练不代表省事、省略，它同样要求全面、深入。究竟怎样才能用最少的字描绘整个故事蓝图，用最少的字直抵人心、征服更多的阅读者？这需要反复练习，做到言之有物。

人物小传基本画像

人物小传基本画像的第一点是性格分析，没有一个人的性格是单一的，总有人既热情又忧郁，既懦弱又勇敢。人是复杂的高级动物，创作者不可能把所有的性格都写出来，而是要先抓住目标角色最本质的性格，再发散他在不同环境下会衍生的情绪反应，是升华点、高潮点、动情点，能让观众觉得：啊，原来他是这样的人，他居然还有这样的一面。

要反转，要不可思议，要让读者大跌眼镜，要根据故事情节反复推敲、琢磨，才能根据人物及故事方向和立意确定不同的性格发散点。

比如，一个主性格特别懦弱的人，连只苍蝇飞来都害怕的人，却在关键时刻和一条蟒蛇做斗争，为什么？因为他不能看着一直暗恋着的女孩被蟒蛇咬死。看到他和蟒蛇斗争的情节，你能想象他平时对一只苍蝇的恐惧吗？这个就是主性格和发散的、潜在的副性格的反差。

笔者一直在强调发散的副性格，是因为主性格不重要吗？当然不是，它的重要性已不需要笔者去提醒，如果一部戏里面，连人物的主性格都搞不明白，就没有继续写的必要了。

好的剧本一定是人物在故事中有着一脉贯之的性格，而不是创作者想让他怎样他就怎样。一个想让人物怎样人物就怎样的剧本，是不符合逻辑、不尊重事实的。剧本就是生活，生活往往不是一帆风顺的，写剧本时，作为创作者唯一能做的事，就是为主角设置更多的障碍，千万不要让主角一路顺利地走到目的地，那样剧本还写什么呢？写个开头，就可以直接大结局了。

主性格确定后，创作者可以依据角色性格为之设置诸多的障碍，比如，因为他的执拗而耽误了什么事情，因为他的暴躁而搞砸了什么事情。在一次次的障碍设置中，主角的副性格就会逐渐被激发、有升华，使他不再是一个只有主性格的"平面人"，而是一个立体、丰富、生活化的人。

确定主性格、副性格之后，就要进入下一阶段——人物家庭背景分析。

这个很好理解,所有人都有父母,可是不一定有家庭,这就是背景。不同的背景,走出来的孩子不一样,这个需要根据故事方向来设定;背景对性格、故事的影响有多少,表现形式如何,这个需要根据具体情节要求设定,因人而异。能否处理好这部分内容,是故事是否好看的重要影响因素。

人物内驱力与外驱力

内驱力,说得通俗点,就是人物的内在欲望,他想干什么?实现理想?完成复仇?不管纵横几千里,他总得有一个方向。内驱力不仅是人物做某件事的驱动核心,也是故事的驱动核心,假如张三的任务是去李庄,那么李四的任务就是阻止张三去李庄,两个人的驱动力核心非常明确,随之而来的,故事矛盾也很明确,至于李四要怎么阻止张三去李庄,那就是一个个故事小节点了。

外驱力,与故事背景有关,故事发生在三国时期,还是架空的环境中?发生在近代、现代,还是未来?每个时代有每个时代的背景,大军压境、国仇家恨、民族存亡、地震、海啸、病毒……这些都是非剧中人物所能决定的不可抗背景,起着为人物施加压力、升华人格、强化矛盾的重要作用。

人物关系

人物设计好了，那么他们之间的关系要怎么处理呢？笔者设计人物关系时，经常先在开会时用的白板上写好人物名字，再在人物之间用不同颜色的笔画出不同的线，并写明人物关系，如仇恨、欣赏、爱慕、忌妒、敌人、父子、叔侄、恋人、朋友等，人世间所有的情感关系和人物关系都可以写在这些线条上，这样，人物之间就建立了剪不断、理还乱的各种关系。

人物关系总体分为三种：成长关系、平行关系、阻力关系。从字面上理解，成长关系是指两个人物间有正面、积极交集的，彼此帮助、共同进步，有一个良好结果，具体表现为生死与共、不离不弃、无条件付出等，成长关系可以被打破、分裂、复合，可以重复这个过程，也可以调整这个过程，看人物成长需要和剧情需要。

平行关系是指两个人物之间看起来并没有那么多交集，却都在影响着彼此，两个人、两条线共同发展。这时肯定有读者会问：平行关系和成长关系有什么区别？肯定是有的，比如，在亲密度上，平行关系不如成长关系，但在表现形式上不一定，平行关系看起来很散，可事实上到了高潮点，或者结局时，所有的线都归为一点，似散而不散，看似平行，实则殊途同归。

至于在创作过程中是用成长关系好还是用平行关系好？笔者的答案是都用，因为创作者写的不是两个人，而是很多人，十几个人，甚至几十个人，他们之间的关系是不断变换的，今天是朋友，明天可就不一定了：一直以来，A 以为 B 是自己的兄弟，可没想到背后捅了自己一刀的人居然是 B！

此时，阻力关系就华丽登场了。角色之间不再是相亲相爱、互帮互助、平等发展的模式，而是 A 要干什么，B 偏不让 A 干，B 就是 A 的克星。暗杀、设计陷害、利用、造谣、谩骂等，所有能想到的伤害都在这种关系里面。随之而来，是人物之间关系的不断变化、发展，反复重复这个过程。

因此，创作者在创作中，不要拘于某种形式，而是要将多种形式组合起来，灵活运用，才能写出更精彩的故事情节。

最后，强调一下本小节的要点：深刻刻画 + 长远设计。这八个字非常通俗易懂，可是不太容易做到，人物刻画要生动、深刻，设计要巧妙、深远，具体怎么做？只有一个字送给大家，就是"写"。

不写，就永远不知道自己的水平如何，只有不断写、不断练习，才能将上文讲到的那些方法真正运用到自己的创作中，不断调整自己的写作方式，不断进步。

04 | 故事素材的选择

千辛万苦、呕心沥血地确定了人物小传及人物关系后,就要真正开始写故事了。写故事的第一步,是选择故事素材。

首先,创作者要明确什么是故事素材。

故事素材是可以让故事开始及延续下去的源头,它可以是梦、真人真事、神话、感想、道听途说的逸闻、文艺作品等,能让你有所启迪的一切事物都是素材。

故事素材总体分为两大类:一类是事情,一类是事件。事件是由一系列事情有机组合而成的。有很多创作者分不清事情与事件,很多人在写作过程中,会认为自己写了很多事情,不明白为什么审稿人总是认为故事不饱满。

因为事情不同于事件,两者之间有着本质的区别。事情是某人某时在某地做的一件事,比如吃饭。吃饭是一件很平常的事情,每个人每天都要吃饭,但是如果主角吃饭时做了什么特别的事情,比如因为一个醉鬼的挑衅,主角失手把人打了,对方心脏病发作,送到医院,主角发现钱不够,为了筹钱,他开始向朋友借款……这连续的一系列事情就形成了事件。

事情和事件的本质区别,在于是一个个出,还是一串串出。一般而言,在剧本开头,创作者会选择一件极具代表性的事情作热开场,这件具有代表性的事情会引出后续的一系列事件,直到这一组事件结束,再开启另一组事件。在冷开场中,所选取的事情则大多有着很深的内涵与寓意,在后来的事件中,会不断强化这种内涵与寓言,比如,一辆开向远方的列车已经开走很久了,主人公却依然看着那辆火车开走的方向,一动不动。这是一个很静、很冷的开场,主人公在送别,哪怕下一场看似和前一场没关系,但在后续的故事中,所有的事情都会强化送别这个寓意,直至达到事件的高潮,观众会恍然想起开头的送别:原来这个故事讲的就是送别与孤独。

所以,事情和事件的关系是互为因果,没有事情就形成不了事件,没有事件,事情就始终是事情,组合不成完整的故事。

不管是事情还是事件,都是要作为故事元素出现在故事中,一旦取舍不对,故事的某一板块就坍塌了,故事同样会变得残缺、不完整。

在浩瀚的故事素材里,要怎样取舍呢?

笔者总结了四点:一要服务于人物小传及人物关系,二要依托故事从开始到结尾的主线,三要深化故事主题,四要丰富故事风格。

大家发现了吗?在故事素材的选择上,依照的准则是大纲的前四项基本点。有人说:这样写出来的作品会不会太教条化?笔者认为,大家可以试一试,抛开这四项去写和依照这四项去写有什么不同。

实验结果会告诉大部分人,根据要求写作的作品起码有改的基础,而信马由缰写出来的文字,很多连被点评的资格都没有。

为什么这么残酷？因为剧本不仅仅是商品，更是一个影视作品的源头，所谓"剧本剧本，一剧之本"，诸多规则是为了保证成片的质量。

接下来，笔者逐一剖析如何做到以上四点。

服务于人物小传及人物关系

服务于人物小传及人物关系是故事素材选择的根本，给大家看一个实例。

主人公是一个大嗓门的粗糙汉子，他行事鲁莽，天不怕地不怕，还爱占小便宜，他的太太则是一个有点虚荣，但是非常优雅且谨慎的人。两个人一起去参加舞会，舞会的主人是太太的前男友，但是主人公只关心当晚的享乐，根本就没有注意到太太的情绪变化。太太与前男友眉来眼去，直至旧情复燃，主人公才有所察觉。他要阻止两人，却闯错了房间，发现了一个惊天的财富秘密。巨大的财富让他忘记了要去找太太，为了得到这些财富，他答应了财富的主人一件事，没想到这件事与他的太太相关。当太太看到丈夫出现在自己面前时，两人都对对方感到失望和惊诧，他们本都不该出现在这里。

看到了吗？所有事情和事件的选择，都紧紧围绕他们的性格和关系来展开。如果没有主人公和太太的一系列性格弱点，后续的一系列故事就不会发生。他们只是来参加舞会的，保持应有的礼貌和社交礼仪就好了。可主人公太贪图享乐，抱着当晚要占够便宜的心态吃喝玩乐；太太虽然早已习惯了主人公的行为，可当看到舞会的主人居然是自己的前男友时，她开始觉得丢脸，她想去挽回自己的脸面，没想到发现前男友与自己有旧情复燃的可能。一边是丢脸的丈夫，另一边是绅士的前男友，这个太太又很虚荣，她内心的挣扎可想而知。再加上一个工于心计、精明的前男友，一个激烈碰撞的人物三角结构自然而然地产生了，故事想不跌宕起伏都难。

在这里，笔者要告诉大家一个小技巧：不一定非得设置惊天动地的大事才能调动人的情绪，要充分挖掘每一位主人公的性格，他们是相互制约、彼此影响的，随着故事的发展，他们的关系是不断变化的，第一集里他们是恋人，第二集里他们就可能是仇人，到了第三集，发现之前的隔阂是误会，被人利用了，他们想回到恋人身份，可是男主结婚了，等等。

好看的故事永远在带动着观众的思维，故事素材的选择要服务于人物小传及人物关系。笔者特意挑选了"服务"这个词，因为它代表着臣服、必须、没有商讨的余地，如果创作者选择的故事素材和人物不相符，故事就会像火车脱轨一样毫无逻辑。

可能会有人问：那难道一个胆小的人就只能匹配胆小行为的素材吗？当然不是，最后他很可能勇敢地从鳄鱼的嘴里救下一个小女孩，这是人物的弧度、人物的升华，但不是人物的常态。

总之，故事素材必须为人物服务，而不是为了写素材去改变人物性格。

请创作者一定要注意辨别和区分。

依托故事从开始到结尾的主线

"依托"这个词的含义是在严格的范围之内，将你的故事主线从开始到结尾都画上鲜明的轨迹，而不是天马行空地创作。好比在 A 点到 D 点之间，有无数条路径、无数个岔口，但不管路径、岔口有多少，故事的结尾必须在 D 点，否则无论故事多精彩，都不会有人喜欢——明明讲的是一个冒险的故事，大家等的是刺激、惊险的情节，创作者却陷入了大段大段的回忆，过度渲染情绪，自我感动，写到最后才发现原本定好的冒险情节压根没有提及，于是赶紧转回冒险上……在情节已经发生了严重变化的情况下忽然生硬地套回主题，会让读者或观众极为不适，这就是"跑题"。

常被人诟病的"注水"也经常与"跑题"有极大的关系。网络上经常能看到有人调侃："国内有真正意义上的行业剧吗？没有，无论是医疗剧、律政剧还是商战剧，最后都会变成家长里短的言情剧，无论哪种类型的行业剧，都会变成换个职业谈恋爱。"出现这种现象最大的原因就是素材选择错了。

医疗剧、律政剧、航天剧等行业剧是非常难写的，首先，它要求创作者对目标行业有深入的了解，其次，创作者必须收集到足够多的素材，收集素材的方式有很多种，如开座谈会、访问专家、研读案例、实地考察等，这都需要花大量的时间和精力，不是随便在网上找点新闻，拼拼凑凑就能完成的。

素材收集得差不多后，就可以整理和挑选了，比如分类、贴标签、画图、做表格等，每个人习惯用的方式不同，选择适合自己的就好。在这样一遍遍的梳理过程中，创作者会发现越来越多的问题，自己也从"不知道自己不知道"的阶段转换成"知道哪里不知道"的阶段，提出的问题会更精准，收集的素材会更细致，进入良性循环。

接下来，就是研究这些素材如何使用了，就好比手上有很多漂亮的珍珠，怎样将它们组合制作成一件首饰？这可以用分集来解决，关于分集，后文会进行详细的介绍，本节大家需要思索如何找到更精准的素材。

笔者教给大家一个方法：标签化分类。比如，现在需要找关于男主人公如何进行刑事诉讼的素材，那么你就要先收集很多相关案例，民事的、经济的统统不要理，只选择刑事诉讼，然后再缩小范围，设置标签，比如离奇、怪诞等，这样，一般的案子会被筛选出去，留下的案例都是有特点的。一层层缩小范围，能更准确地筛选出自己所需要的素材。

这个过程很简单，缩小、筛选、再缩小、再筛选，周而复始，简单得甚至有点枯燥。但只有这样，才能在浩瀚的素材里选定最终要用的故事素材。这是一个综合性的再加工过程，也是艺术来源于生活但高于生活的创作过程。

这个工作做得多了，高效筛选素材的思维就慢慢形成了。要想写出好的剧本，做初步工作就要耐心、细致，写出来的作品才能扎实、接地气。

深化故事主题

建构好故事主线后，就要着手让故事一点一点变得更扎实。就像盖了一座房子，不能风一吹就倒了，创作者要不停为这座房子做加固工作，而在写剧本时对剧情进行加固，可以让故事更能感染人的情绪，让观众能够充分与角色共情，从而做到深化主题。

无论电影还是电视剧，都是视听语言，很多经典的电影并没有大段的台词，但是观众都知道这个人在什么环境下要做什么，主人公有着强烈的情绪和欲望，整个画面会给观众很强的视觉和情绪冲击。这就是大荧幕的魅力所在。

创作者要学会分析和强化这种魅力，具体的做法就是要处理好每个细节。比如，在一个主题为亲情、母爱的剧本中，女主一难过就会抬头看天上的星星，为什么？因为她过世的母亲曾经这样激励她："当你遇到困难的时候，你可以抬头看看天上的星星，那是我在陪伴你。"于是，女主每次难过的时候，都会抬头看星星，这就是在一次次强化故事主题。

主题好比一个鲜明的旗帜，素材就是战场上的千军万马，千军万马都要根据旗子的挥动变化来调整作战策略。主题可以分为主主题和小主题，一个主主题可以有若干个小主题。为什么要分小主题呢？每个人物带一个小主题，人物的故事线会更鲜明，比如，张三想娶隔壁二妞当媳妇，可二妞老惦记着村主任的儿子，村主任的儿子呢？一心想参军保卫祖国，一个个人物的小主题凝练成故事的主主题，一群热血青年投身革命的故事就初具雏形。

　　主主题要有设定，小主题也要有清晰的设定，如果怕混淆，可以画在一张图表上，随时复盘，思考自己写的情节有没有偏离主题，如果偏了要怎样去弥补。

　　比如，为什么要强调房间里放了一个花瓶？不放不行吗？创作者要给出非放它不可的理由：这个看似普通的花瓶里藏着一个惊天秘密，或者花瓶的摆放位置是某个重要的接头信息。

　　如果把一个故事比作一张地图的话，可以总结成一句话：路径千万条，旗帜仅一面。故事再复杂，都要保持对故事主题的深化。

丰富故事风格

　　还是拿地图打比方，假设创作者要讲的是一个很严肃的主题，表达形式上可不可以多元化一点？以前，影视剧所属类别有着严格的区分，比如悲剧、喜剧等，随着观影习惯的不断细分，出现不少多风格糅合的视听作品，尤其是短剧，为了获取流量，经常会"一本正经地胡说八道"。一开始，作为长视频的创作者，很多编剧不太认可这种创作方式，可这种作品流量很高，动不动就上各排行榜的热门，渐渐地，长视频也开始尝试贴近用户的观影思维，典型的表现是从电视剧中分出了网剧，从电影中分出了网络大电影（即网大）。随着市场进一步下沉和细化，又分出了更为细致的各种标签化的剧种，如入赘类、甜宠类、霸总类等极富互联网思维、网感化的剧种。

时代在变，观众的口味在变，传统影视剧收视率长期的萎靡不振导致了很多争论，比如，是观众太挑剔，还是创作者创作不出好作品？是观众不懂欣赏艺术，还是创作者太闭门造车、孤芳自赏？每当有一部爆款剧出现，大家都会拼命分析、研究，并且迅速模仿，甚至只要某一个剧种火了，大家就会蜂拥而上，直到把这个剧种拍到大家一看标题就反感的程度。

曾经有一句话叫"一招鲜，吃遍天"，现在这句话不灵了，因为跟风、复制太容易了。作为编剧，故事的源头创作者，要"招招鲜"，不断地在故事主题、内容和风格上开疆扩土，不断发掘好素材，丰富自己的故事，才能创作出优质作品。

05 | 故事分集的写法

故事分集，即每一集要发生的事件组成的故事情节。

如果把剧本比作一栋大楼，大纲是画图纸、打地基，素材是备原料，这些工作准备就绪后，接下来就是建楼了，即搭建故事框架，也称故事分集。

接下来，笔者从宏观与微观两个方面入手剖析故事分集。

宏观

一部四十集的剧本,每一集两千字左右,分别形成完整的故事分集,这要求创作者在情节布局上,将从 A 点到 D 点分成四十个阶段。建议大家使用画图表的方法,在 A 点到 D 点之间,画下一个个比较大的节点,比如五集一个大节点,可以是情感点、命运点、成长点、反转点、绝望点、圆满点等,要是有关生死、大起大落的节点。

画完之后,看一下由点连线的起伏有多大,起伏越大,在某种程度上代表故事越精彩,如果几乎是一条平线,创作者要检查一下自己的故事及所设置的故事点是否太过平常,没有遵循起承转合的创作原则。

起伏度解决后,再调整节奏。如果故事本身是强节奏、高密度的叙事方式,那就要一直按照这个逻辑写下去;如果故事本身是娓娓道来、比较松弛的叙事方式,那也按照这个节奏写下去。好比一首歌,摇滚就是摇滚,轻音乐就是轻音乐,不要一会儿特别快,一会儿特别慢,到最后发现时间不够了,快到大结局了,一股脑儿把所有问题全部解决了,这一看就是为了结尾而结尾,很容易让观众反感。

要知道,观众其实是深谙影视剧"套路"的,都知道坏人必将伏法,光明必定战胜邪恶。可是中间的情节呢?观众看一部剧,看的并不是结局,而是看过程,比如,2023 年开年爆款剧《狂飙》,

在大结局之前,绝大多数观众看的,是反派高启强怎么一步一步从老实的鱼贩子变成呼风唤雨的黑恶势力头领的,以及警察安欣做了哪些努力,才能最终让黑恶势力及其保护伞被连根拔起。

好的故事肯定有与众不同的地方,需要仔细推敲,如果能掌握好节奏,让观众时刻惦记着人物的命运,关心人物的喜怒哀乐,故事就成功了一大半。

那么,如何掌握好故事的节奏呢?

关注分集的几个大的节点,这些节点代表整个故事的起、承、转、合,一般会有以下两类转折。

一是人物命运的转折,比如,开场时主人公很幸福,有一个完美的家庭,没想到全家人去给他过生日,回来的路上出了车祸,刚才的甜蜜和眼前的悲惨形成了鲜明的对比,以此将观众的情绪带动起来。之后,主人公发现车祸是一场阴谋,此时车祸就是主人公的命运转折,让他的人生发生了翻天覆地的改变。

经常有人问笔者:怎样的转折才叫转折?笔者通常会解释:不要只写你认为明显的转折,你觉得感同身受、惊天动地的大事,别人可能并不这么认为,一定要把自己放在情境中,仔细揣摩角色的心理,了解其最迫切的渴望,这个渴望即将达成时,突然发生变故,让一切化作泡影,这样的转折,是比较好的转折。

比如,一个与弟弟相依为命的小女孩对蛋糕非常渴望,为了这个蛋糕,她攒了很久很久的钱,终于,她攒够了,可是弟弟需要买红领巾,怎么办?她既想要蛋糕,又想给弟弟买红领巾,为了满足自己的欲望，她去做了一件所有人都想不到的事情，这件事情影响了她的一生。

这就是命运转折点，不是只有车祸、癌症、坐牢等大事才算，哪怕是些细枝末节的小事，也可能是压垮主人公的最后一根稻草。这根稻草对旁人来说轻如鸿毛，可是对主人公来说是致命的，比如多年的希望破灭，重要亲人的遗物遗失等。

所以，对人物命运转折这个大的节点的安排，一定要慎之又慎，合情又合理。

二是故事的转折。在剧本创作中，总有人争论究竟是故事重要还是人重要、是故事带着人跑还是人带着故事跑。公说公有理、婆说婆有理。那么，故事与人的关系究竟是怎样的？笔者认为，最好的关系是人在故事中，故事自己跑。因此，高明的创作手法是把人逼到绝境，故事只剩一条路了，也就是置之死地而后生，人在一个又一个绝境中挣扎着活下去，观众看到的是一个又一个奇迹点，故事的转折自然就出来了。

所以，故事的转折一定是主人公非它不可的行动力。比如，如果他今天不越狱，他就不能去救心上人；如果他不跳下悬崖，他就不可能有活下去的机会；如果他不作弊，他就必须被退学……人在绝境中被迫做出选择形成的事件，才是好的转折，才是分集中的成功节点。

关注以上两类转折，根据人物命运的转折和故事的转折来画点，五集一个节点，找出所有节点，先画出图，再进行微调，基本上故事分集线就一目了然了。

微观

微观到什么程度？到每一集。每一集里都要有起、承、转、合，要想好故事从哪起，在哪结束，每一集的结尾都很重要。

每一集的结尾，影响着下一集的开篇。结尾俗称"打点"或"钩子"，直接决定着观众会不会继续看下一集。

打点有两个重点关注点，一是人物命运，二是事件转折，也就是说，要么在人物命运上给观众留下悬念，要么在故事转折上给观众很大的期待感。说起来容易，实际上并不简单，如果每个结尾都能在这两个方面做到极致，还怕故事不精彩，剧作没有收视率？可惜，现在很多剧集的打点很随意，完全调动不起观众追剧的欲望。

作为编剧，先不要管后面的拍摄、剪辑、审查等诸多环节，创作时把好打点这个关，后面的二度、三度创作才会有一个良好基础。

举几个例子。

人物命运的打点：武侠剧里，男一号被人推下山崖，他是死还是活？悬疑剧里，重要的人证跑了，女一号怎么追？民国故事片里，女主被冤枉了，马上就要上断头台，她真的会这么死了吗？

故事转折的打点：冒险片里，一群人克服层层困难，终于到达目的地，马上要完成任务，却出现了莫名其妙的死亡事件；爱情剧里，"灰姑娘"和"王子"终于突破层层阻碍，马上要举行婚礼，却遇到了重大转折和意外，这个意外可以是阴谋，也可以是突发情况。总之，无论是人物命运转折，还是事件转折，都要让人产生不得不追的冲动。

有人会问：你说的都是大事件，一个剧里哪有那么多大事件呢？

这就需要创作者区分故事的外驱动力和内驱动力了。

外驱动力是指因重大事故发生导致的不可抗力事件，比如海啸、疾病、野兽出没等。

内驱动力是指人内心欲望的冲突与矛盾产生的事件，比如一个人想知道秘密，另一个人要隐瞒秘密；一个人迫切地想知道真相，另一个人要利用他来报仇……

事件上的外驱动力和内驱动力与人物小传中的外驱力、内驱力有着一脉相承、异曲同工之处。

如果在事件选择上全部都是外驱动力事件，比如为了表现主人公的坚韧，今天让他出车祸，明天死了亲人，后天房子塌了，大后天爆炸又让他赶上了……这样的故事应该叫"还有比他更倒霉的人吗"或者"史上最悲剧人生"，故事很容易变得浮夸、不真实、生搬硬套。可能有人会辩解：不是要表现主人公的坚韧吗？他身上发生了这么多的事情，依然坚强地活着，还不够坚韧吗？这就是典型的抬杠。

抬杠是没有任何价值的，笔者之所以会把类似写作套路拿出来单独强调一下，是因为这是很多编剧在初写剧本时会犯的一个错误——根据人物的特质，搜索一堆表现此特质的事件，把这些事件一个个全挂在人物身上，直到将人物挂成一个造型夸张的"圣诞树"。

作为编剧，一定要时刻谨记，剧本是商品，是工具，必须遵循最基本的规则，必须知道什么该写，什么不该写。

那到底什么该写，什么不该写？

剧本细节创作阶段中，不能形成画面的文字一律不写。

剧本分集创作阶段中，不能形成有效人物命运和事件推动的内容不要写。

剧本大纲创作阶段中，不能精准表述内容的文字不要写。

所以，在剧本分集创作阶段，要明确什么是有效内容，什么是无效内容。新人编剧最容易犯的错误，要么是堆积事件，让人跟着事件跑，节点设置特别生硬；要么就是主人公想干什么就干什么，不接地气，没有逻辑。

怎样避免出现上述问题呢？外驱动力事件和内驱动力事件要合理交叉使用。

人内心的欲望、三观、想法有任何不同，都会使事件的走向不同。打个比方，一个人为生计所迫当了小偷，被抓了，这是一个文艺剧情片；一个以抢劫为乐的人去当了小偷，这是犯罪片。同样是偷东西，人物不同、心境不同、动机不同，事件走向和结果截然不同。

因此，大家在创作时，如果感到故事线索断了，故事点不够了，情节编不下去了，不妨打开人物小传，看看你精心敲下的每个字，想一想，如果你是主人公，面对如此形势，你会怎么办？而不是想当然地安排主人公的行动。

只有充分挖掘和发挥人物的内驱动力，人物和故事才会显得饱满、生动、别具一格。这个发掘需要深度思考和反复推敲，需要大量素材的累积，和编剧自身的格局、创作态度相关。只有将这些综合起来，才能够创作出性格鲜明的人物、与众不同的故事。

当一集故事里所有的事件点都确定后，建议大家再画一张图表，列出情节点，以及这些情节点会带给观众怎样的反应，开心？难过？惊悚？焦虑？恐惧？创作者要时刻拽着观众的情绪，但是不能让他们猜到下一个情绪是什么，让观众乐在其中，很快到一集的结尾处，观众恋恋不舍，留下各种弹幕和评论，这种感觉是不是很好？

标准的一集电视剧有四十分钟，至少要有十个情节点。

把这十个情节点起起伏伏地列在图表上，节奏一目了然，然后再根据上述方法按照需要去调整故事节奏。确定整个剧情都没问题后，再一气呵成地创作剧本。

记住，分集字数不要少于800字，也不要超过2000字，文字要通俗易懂、言简意赅，少用心理描写和抒情描写，如果实在要用，需要起到画龙点睛的作用。

06 故事分场的写法

如果说故事分集是一座房子的框架、人体的骨骼，那故事分场就是房子的硬装修或人体的血肉。

故事分场是场景、景别、人物、事件发展的集合，不重要的过场戏、空镜等不会出现在分场里，如果它们出现了，要么是分场啰唆了，要么是非出现不可。

在完整的项目流程里，分场大多是编剧团队，或者编剧个人写给自己看的，一般不签在合同里，是为了方便编剧创作。

有的编剧写完分集会直接进入剧本创作阶段，也有编剧写个题目、写个大纲就直接开始写剧本，这些人要么是经验不足的新人，要么是天赋异禀的行业翘楚，天才型编剧不在笔者谈论范围内。笔者探讨的是，普通编剧如何保质保量地完成整个项目。

很多人觉得：资方都不要求写分场，作为编剧，为什么要自己折腾自己呢？多写的字，资方又不付钱。

俗话说，台上三分钟，台下十年功。那精彩的三分钟，包含了十年的基本功。分场正是这不可缺少的十年功。

别人看不到，但你必须得有。

写分场的好处至少有如下三点。

第一，防止剧情偏离主线。有人会问，分集已经很细了，都写到2000字了，还会让剧情"跑偏"吗？一个剧本，在一般市场要求中是14000字左右，编剧在剧本细节创作阶段有12000字左右的发挥空间，难保不出差错。

第二，有利于团队合作。一部动辄几十万字的电视剧剧本，要在规定时间内开机，且中途难免有反复修改的过程，这是一个浩大的工程，鲜有编剧能独立完成，大多要组一个编剧团队，为了保证剧本的基础调性不会在多人合作中偏离，所以在分场阶段要严格把控。一般创作分场内容的编剧称为编审，由经验丰富的资深编剧担任，他们为了剧本的准确性，甚至会把台词放在分场里，非常细致。

第三，更容易梳理剧作思维。在进一步细化情节点的过程中，编剧能够再一次检验和体会人物和剧情，看其设置是否合理，或者是否有更好的桥段可以替代，这个时候再修改，还来得及。

所以，分场不是为了给别人看，而是编剧为了写出更好的剧本，自己修炼、打磨的过程。那么，分场要怎么写呢？

分场依然要讲究起、承、转、合。不知读者发现了没有，从开始的大纲创作到现在的分场创作，笔者一直在强调这四个字。哪怕小到一场戏，也要讲究节奏点，否则，写出来的戏很容易成为可有可无的"水戏"。

打个比方，两个主人公在聊孩子上学难的问题，两个人对话时东一榔头、西一棒槌，没有任何焦点，也没有对剧情的推动、跟进，如果你是观众，遥控器就握在你的手里，看到这种剧情，你是不是会马上转台？

怎样让观众忘了遥控器？这是分场的重中之重。

最重要的是找到每场戏的戏眼。所谓戏眼，就是戏的核心高潮，比如，这场戏是王二要去找隔壁嫂子的麻烦，高潮在哪？是他找之前，还是找之后，抑或是正找的时候？编剧心里一定要有布局，不能找了就找了。观众的期待值在哪？编剧要写明白，如果编剧搞不清楚这一点，写出来的情节很容易像流水账，自己却不知道差在哪，甚至还觉得挺委屈：吵架有了，打架也有了，这么热闹，观众怎么就不喜欢看？这就是讲故事的技巧不足，给的情节太多，观众一下消化不了，就会觉得乱；给的情节太少，信息量不够，让人觉得无关紧要，没有看下去的欲望。

当然，最终效果的呈现也和导演的拍摄手法及成片的剪辑手法有着莫大的关系，但在剧本阶段，作为编剧要反复检查每场戏是不是够吸引人，因为剧本是一部戏的根本。

还是拿王二去找隔壁嫂子的麻烦这场戏打比方，如果戏眼放在找她之前，那么找人之前的戏一定要吸引人，比如王二是准备从哪方面入手找麻烦的，或者他正准备出门的时候突然发生了一件让他想不到的事情等，他去隔壁之前的这部分戏要做足准备，并且在准备过程中达到高潮。

如果戏眼放在找到之后，那情节重点就是王二与隔壁嫂子短兵相接的场面，他之前找的过程可以一笔带过，直接找到隔壁嫂子，两人即将要爆发什么矛盾才是这场戏的高潮，在爆发中继续推向下一个剧情高潮，是这场戏戏眼的使命。

如果戏眼在王二找人的过程中呢？那么就要着重刻画他找着找着遇到了什么，比如发现一个秘密、遇到一个特务、撞见一个杀人案，总之是不可思议的一件事情，这才是这场戏的高潮。

因此，根据一场戏里有没有戏眼，可以断定这场戏有没有存在的必要，没有必要的就是"废戏"。很多编剧会说，这场戏是过场戏，或者是氛围戏。这些当然可以有，但要学会辨别哪些是废戏，哪些是过场戏，哪些是氛围戏。如果实在不好辨别，有一个笨方法分享给大家：先把所有需要高潮的戏全部罗列出来，再看看剩下的戏，问问自己，真的需要那么多过场戏、氛围戏吗？一般一集40分钟左右的电视剧，氛围戏和过场戏至多不超过5场；90分钟的电影里，更要用得谨慎。

找准了每场戏的戏眼后，根据戏眼的需要，按照层次递进，完成分场。这里的层次递进过程是和观众玩捉迷藏的过程，也是戏的情节点铺设的过程，根据不同的戏剧需要，设计各有不同。先出什么动作，再出什么动作或反应，都是层层递进的，需要有规划、留戏扣，千万不要一股脑儿地全部塞给观众，没有层层递进的关系，会把人看晕的。

试想，自己作为观众时，是不是很替主人公着急？他为什么不这样做？他为什么不那样做？他为什么那么笨呢？其实这些都是编剧有意为之，他知道观众会这么想，所以他就偏和观众反着来，可也不能总是反着来，观众总是猜不到，就会没耐心、觉得太烧脑，进而弃剧，所以时不时也要让观众猜中一回剧情，让他们兴致勃勃地追下去。

好剧有一个非常苛刻的标准，就是无论在什么时间播放哪一集，都能深深地吸引住观众。因为好剧的每场戏都有起承转合，都有很明确的戏眼，观众把这一场戏的戏眼看完，就明白了基本的人物关系和矛盾，会被深深地带进剧情，与人物产生共鸣，自然就有追剧的欲望。

因此，找好戏眼，做好设计，不敷衍每一场戏是编剧的基本功。一个剧本好比一座大厦，每场戏都是必不可少的一块砖，每场戏都很重要。

创作分场后，要检查逻辑性和总体布局。在创作分场时，思维再缜密，也难免会有疏漏。检查时，要先把自己抽离出来，以一个局外观众的视角来审视分场，从生活常识、人物性格、事件逻辑等各方面来看一遍，有无失误，再把自己转换回编剧，思考在分集之内有没有更好的布局，也就是场序上的增加、删除或调动。

做完这些之后，可以将分场前的场次号遮挡起来，通审一遍，审核的标准是看看有没有废戏，即有无这场戏是否影响下一场戏的连续性。

如果完全不影响，就要思考这场戏有无存在的必要。如果缺了这场戏，下一场接不上，那这场戏就必须保留。这是一个非常简单的笨方法，无论审稿人还是创作者，都可以使用。

以上两个流程可以交叉循环，直到分场满意为止。

此外，强调一下分场的格式，首先是场次号，从 01 开始排，一般电视剧能排到35左右，电影排到75左右；其次是地点、景别、人物，需要特别提示的另加符号，字体加粗。

一个剧本，从构思到写分场，编剧用的是严谨的理性思维，接下来进入台词创作流程，这是大多编剧最喜欢的"放飞"阶段，可以切换到感性思维。

07 台词写作技巧

经过大纲创作、分集创作、分场创作的层层锤炼，终于到了台词创作阶段，这好比一幢大楼拔地而起，到了装修阶段。写台词通常是编剧最放松的阶段，不仅是因为到了这一步，庞大的剧本创作工程已经完成了一半，更是因为这是尽情直抒编剧才华的时候。

台词是剧中角色所说的话，是编剧用以展示剧情、刻画人物、体现主题的主要渠道，也是剧本的基本成分，是剧本中不可或缺的基石。

没有台词，就没有人物的冲突，更没有剧情的发生、发展、高潮和结局，剧中的人物，主要是通过台词表达各自的身份、地位、性格特点等，并推动情节的发展。虽然影视作品的画面，比如环境、道具等也能体现一些信息,比如早期经典的卓别林系列喜剧,但随着时代与技术的发展,台词成为剧情表达的主体。

因为电影、电视剧不像小说等文学作品那样可以由作者出面向读者直白描述,比如某个角色心情如何、感悟怎样,可以有大段渲染的感性描写,只能依靠人物自身的语言与动作来表达一切,所以要做到可视听化,通俗来讲就是要让演员能演出来、说出来,要有直白的表达。

一部剧火不火的标准之一,就是有没有让人熟知的台词,也就是"出圈"。出圈的范围越大越好,时间越长越好。

比如,《七宗罪》里的台词:"这世界很美好,值得我们为之奋斗。"《泰坦尼克号》中"You jump, I jump!"这样的爱情誓言,已成为广为流传的经典承诺;"做人如果没有梦想,和咸鱼有什么区别"这句话出自周星驰主演的电影《少林足球》;《三生三世十里桃花》里女主角素素说的那句"你放过我吧,我也放过你"绝望地演绎了爱情里的爱而不得、爱而不能;"一辈子那么长,一天没走到终点,你就一天不知道哪一个才是陪你走到最后的人"是电影《致我们终将逝去的青春》中的台词,一句话就能表明整个电影的主题;"臣妾做不到啊"及"贱人就是矫情"让热播剧《甄嬛传》直到现在仍被人津津乐道。

一句经典台词能撑起一个角色,甚至能撑起整部作品,因此,台词的写作与安排是剧本创作的重中之重。

那么,台词如何细分呢?在影视剧里,台词大致分为对白、旁白、独白三种。

对白又称对话，既要贴合角色的身份和性格，又要能揭示人物内心世界，是传递故事信息的载体，在台词中占据绝对的主体位置。

旁白是以客观的视角对影片的故事情节、人物心理进行的叙述和评价，传递的信息丰富，可以表达情感、揭示主题、刻画人物、推动情节发展，特别是在解析人物内在心理时具有重要作用，是影视作品引导观众解读剧情的方式之一。

独白存在的目的主要是抒发人物内心感受，展示人物思想，刻画人物性格，使观众更深刻地理解人物的思想感情和精神面貌。独白以最直接的方式表达最直白的感情，具有较强的冲击力，能给观众很强的代入感，起到画龙点睛的作用。

清楚了台词的分类，接下来主要探讨如何写好对白类台词。

笔者总结了对白类台词的四要素：有特点、真感情、接地气、要贴切。接下来，笔者依次剖析如何运用这四要素创作出好的台词。

有特点

需要明确的是，有特点是指台词的风格。不同的剧有不同的风格，比如民国剧有民国剧的说话风格，不能写成现代言情剧；历史正剧则要求严谨考究，连字的读音都有历史专家审读，和穿越古装剧的风格截然不同。确定整部剧的台词风格后，要具体落到每一个人的台词风格上。

确定台词风格最重要的是什么人说什么话。商人有商人的说话方式，老师有老师的说话方式，不同职业与性别，加上不同的年代和成长环境，说话方式必然不一样。一个平时说话特别慢的人在"火上房"的时候要怎么说话？一个脾气很暴躁的人在特别悲伤的时候是什么反应？每个人在不同的情境中，都有其不同于别人的说话方式。

创作时，经常有创作者觉得自己语言匮乏，不够丰富，感觉所有角色说话都是一个模子刻出来的，把名字遮上，就分不清谁是谁。比如常用的口语"怎么了""为什么""哦""是啊"等，谁都能用，谁用都没错，可是千篇一律，创作者自己都越写越觉得乏味。

怎么解决这个问题？在这里与大家分享几个技巧。

第一是充分使用方言、俗语。从这一点，就能看出人物小传细致的好处，比如同样是"吃饭"这个词，全世界有无数种不同的说法，全中国统一讲普通话，也不可能每个人说得都很标准，于是就有了这样的调侃："天不怕，地不怕，就怕四川人讲普通话""一口大茬子味的普通话""一听就是×××的'散装'普通话"，这些不标准的普通话就是很具象的特点，一看就知道是哪个角色的台词，再加上演员的发挥，更是独具特色、一目了然。因此，使用不同的方言是个性化台词的一大利器。

第二是充分剖析角色的说话习惯。正如世界上没有两片相同的树叶，没有哪两个人的说话习惯是一样的，在音色、停顿习惯等诸多细小方面都有差异，再精准到角色，更是能形成每个人独特的音调和风格。生活中经常会听到有人说，一听声音就知道他（她）来了，正是因为这个人形成了自己独特的说话风格。性格豪迈的人的说话方式、乐观的人的说话方式、胆小懦弱的人的说话方式……都有区别，细心观察和认真设定后，必然会使剧中的人物有独特的说话方式，这需要一定的观察力，因为人物的说话特点要基于实际。

这个实际就是现实场景，一个平时特别豪横的贪污犯在听到审判结果的那一刻，会怎么说话？有的说话风格可能保留，有的说话风格已改变，明确这些细微变化的过程，就是塑造人物的过程。剖析角色习惯时，为了更饱满地塑造人物，一般会让人物有一个固定的说话方式，随不同场景而合理变化。切忌一成不变，那样显得人物太死板，但是更忌讳随意变，那样很容易造成这个人写着写着就变成了另外一个人。这样的情况在团队合作中常有发生，第一位编剧写了前五集，交给第二位编剧，第二位编剧接手后并没有琢磨前一位编剧写某个角色时的语言风格，完全塑造了另一种风格的人物；到第三位编剧那里，又换了一种说话方式和习惯，导致人物性格混乱，毫无章法，显然不是合格的剧本。

第三是创作一两句专属于某个角色的口头禅，加上合适演员的演绎，很容易打造出广为流传的经典台词。接下来与大家分享如何运用这个技巧。

口头禅要充分表现人物的性格特点、欲望，让人一听就知道这是某个人，带着很强的个性特征，比如，一个骄傲的女主，从来不称自己为"我"，开口就是"本尊""本宫"；一个很懦弱的人，说话前总是要看一圈身边人的眼色，可能会连续说几个"我我"，这也是一种特征；又如，"真相只有一个"二十年如一日，大家一听，就知道这是柯南，还有那句"代表月亮消灭你"一出现，大家会不自觉地想到美少女变身。再如"海贼王！我当定了！"鸣人已经当上了火影，路飞还在奋斗的路上，这句话让几代人的青春有了共鸣。

除此之外，口头禅要朗朗上口，越短越有利于传播，几个字最好，既点题，又能突出人物性格。几个字的口头禅虽然字少，但全剧本中出现的频率高，也可以强化人物形象。确定了口头禅，其他台词的风格也算有了参照物，一举多得。

真感情

在用以上技巧突出台词的特点后，下一个要注意的问题是加入真感情。每个角色的台词都要发自内心，而不是脸谱化、程式化、可说或不说。这就要求在设计每句台词的时候，要看是不是符合角色的身份、语气及当时的情境，而不是因为这句台词很好，便强硬地放在某个角色身上。

一些影视剧中会出现让人啼笑皆非的错误，比如为了彰显主人公有文化，让他说出一些很有深度的台词，如果这种台词与人物设定不符，会显得太过刻意，往往会成为笑话。如何把握角色的台词？需要编剧代入真感情，放下杂念，仔细揣摩人物内心细腻的情感变化，而不是为了写台词而写台词，更不是高高在上地说教。

检验台词是否加入了真感情的一个很好用的方法是问问自己。

你平时是这样说话吗?你在现实生活中遇见过这样说话的人吗?

接地气

设计台词时,只有感情是不够的,还要想着怎么将感情以观众最能接受的方式表达出来。打个比方,歌剧好听,古典钢琴也好听,情感真挚、境界高远,可不能天天听,如果一部剧的所有台词都是"高大上"的、精雕细琢的,反而会阻碍情感的顺畅表达,让角色有故作姿态之嫌。在这种时候,接地气显得尤为重要。想让角色接地气,就要用观众喜闻乐见的表达方式去设计台词。

比如,写两个人做买卖,一个来自昆明,另一个来自长沙,这两个地域的人各有什么特点?语音、思维方式、三观等,都需要创作者用心区分,写出他们的与众不同——长沙人直爽火辣,急性子,相对有些赶早;而昆明人则相对有些慢吞吞。每个人都代表着独特的家乡的背景文化,台词一说就知道谁是谁、来自哪、是干什么的,绝不是说着一水儿的标准普通话,听起来是一家人。

写台词是一个需要细致、细心、耐心的琐碎工作,需要一字一字地通读、修改,有些台词在意思不变的情况下,略微改动一两个字就完全不一样,比如面对普通话"干什么",我们试着改一改,换几种说法:"弄啥?"[1]"干啥?""哈?""爪子"[2]……大家是不是体会到仅改动一两个字,台词风格就骤然变化的神奇了?

1　河南方言
2　四川方言

要贴切

如果台词的特点有了，感情足了，地气也够了，却不贴合角色设定，也是失败的。就好比你按照某个模特设计的独家私服，套在一个陌生人身上，哪都没错，可最终呈现的效果就是不对。台词是不是足够贴切，界定非常微妙，这是创作者和"甲方"最容易起争执的地方，往往是公说公有理，婆说婆有理。

作为创作者，编剧要有自己的判断标准，要知道台词是否贴切，能分辨对方说台词不贴切的理由是否成立，要站到对方的立场上尽量客观地审阅自己的台词。

毕竟就像画家的画作，哪里多一笔，哪里少一笔，究竟如何界定？创作者心里一定要有数，实在拗不过话语权大的合作方，可以先妥协，再用更委婉的方式修改。

了解对白台词的四要素后，再来分享一下旁白、独白的写作要点。无论是旁白还是独白，在使用标准上只有一点，那就是能少用就少用，非用不可的时候才用。一个影视剧，如果用了大量的对白和独白，无疑是失败的，观众看这样的影视剧，和看纪录片、听收音机有什么区别？

剧本中，如果出现了大量的旁白和独白，基本上是要被勒令修改的。除非是后期剪辑中，能用的素材实在不够，又不能补拍了，为了故事的完整性，只能用大量的旁白、独白来填补，这时候旁白和独白相当于速效救心丸，虽有用，但慎用，速效救心丸吃多了，人能健康到哪里去？

关于台词，给大家一些总结性的方法。

第一，写作前要学习足够多的专业知识。如果想写一部侦探惊悚剧本，写作前可以与退休侦探交流、观看优秀的侦探电影和纪录片、阅读侦探和联邦调查局特工的自传等。编剧的知识储备量很重要，缺乏前期研究，将削弱观众对角色、情节进行深层探究的意愿。

第二，给角色独特的声音。人们在说话的时候，有不同的说话模式，如习惯用短语，或者每句话都有某种固定节奏，这是塑造典型角色最有用的方法之一。把独特的声音和复杂的角色结合起来，能够辅助角色立体塑造。

第三，每一个角色都要有一句独一无二、不可取代的台词，这一点比较难，但试着去做，一定会有意想不到的收获。同时，建议在台词中，通过叙述告诉观众更多信息，让角色的谈话风格尽量保持一致，直到角色不得不改变自己。

第四，善于根据角色关系改变对话风格，比如，人们和妈妈打电话时是一种对话方式，与朋友打电话时是另一种对话方式。权威、同情、尊重、厌恶……所有情绪都来自角色彼此之间的动态关系。当然，偶尔可以打破这条规则，比如，当每个人都以类似的方式（如恭维）对国王说话时，英雄以不同的方式（如直言进谏）对国王说话，就能很好地展示英雄这个角色与众不同的一面。

除此之外，笔者要着重强调的一点是首尾呼应。电影的开头和结尾是密切相关的，最好的结尾是与开头呼应的结尾。这些呼应大多通过对话和行动建立，在当时看来不容易察觉，不显山不露水，在重要时刻点破，会让观众恍然大悟，明白这样的开头和结尾设置多么精妙。

台词的创作永远是实践出真知，业精于勤，大家需要反复地练习，才能最终找到适合自己的创作法门，写出广为流传的台词。

08 剧本初稿及反复修改

掌握好写台词的技巧后，就进入剧本初稿创作阶段了。

经过大纲创作、分集创作、分场创作的步步夯实，剧本创作的激情已酝酿到极点，呼之欲出。要珍惜此刻的创作状态，放下所有的闲杂琐事，立刻闭关、赶稿！

必须闭关，也必须赶稿，两者相加，才能文思泉涌，下笔有如神。

这里，笔者与大家探讨一下"灵感"的作用。

很多人说过这样的话："没灵感，写不出。"笔者在这里可以明确地说，如果一位创作者只能依赖灵感来创作，此人绝对不适合写作；如果一个人根本没有过灵感，那此人适不适合写作还可以放在待定区域里，毕竟，勤能补拙。

笔者创作时，从来不管有没有灵感，永远是埋头就写，在这个过程中，笔者有一个惊喜的发现：灵感写着写着就有了。就像那句名言：世上本没有路，走的人多了，也便成了路。

所以，在初稿阶段，最重要的是心态。抛开一切杂念，让自己坐在电脑前，只有一个心思：写下去，为了理想，为了高收视率，持续写下去。

有了良好心态打底，笔者再强调几个在初稿写作中必须坚持的要点。

第一，坚持按照故事大纲、分集、分场来写。当然，不是死板地严格到每一个小情节点都要一致，那样没有剧本创作阶段的发挥空间，只是说发挥的范围是早已设定好的情节点与情节点之间，比如分集是从 A 点到 D 点，为了让故事更曲折一点，在掌握好节奏的情况下，可以先从 A 点到 B 点甚至 C 点，再回归 D 点，不要跑到 F 点，否则制片方看到剧本后，完全有理由拒收："当初说好的不是这样的啊？这是货不对版。"

第二，坚持每天看一遍人物小传，同时结合现有的剧本，对照自己写的人设是否与当初的小传有偏离，要让角色真的活在你心里。切记，始终要清楚你的人物是什么样的个性，不要一集换一个样子。

第三，与团队其他成员勤沟通，千万不要闷头写。尤其是电视剧编剧团队，一般有好几位编剧，每人几集，分头去写。这种情况建议至少保持三天开一个简单视频会议的频率，十几分钟的沟通就好。开会是为了了解大家的进度和剧本质量，及时发现问题并及时更正非常重要，船小好调头，改一集、半集，总比一次性重写五集、十集简单。

记住，有问题一定要及时说，团队之所以是团队，关键在于大家相互帮助、彼此信任。当然，一个人创作时也要和制片方勤沟通。沟通很重要，编剧写得再好，如果不是制片方想要的，也不合格，尤其是和专业水平参差不齐的制片方合作，沟通好和写得好一样重要。

第四，坚持写完。有人看到这句觉得很可笑，都到这种程度了，还能写不完吗？事实上，很多项目眼看要收尾了，情节就是写不完。导致这种情况出现的原因有很多，但是只要制片方没有很恶劣的拖款行为，作为创作者，就要坚持写完。俗话说，行百里者半九十，最后的路走起来往往最累，尤其是写电视剧剧本，到最后阶段已经不是智力的拼搏了，完全是体力的支撑。所以做编剧久了，往往有各种疾病缠身，体形上要么偏胖，要么过瘦，很少有正常的。

放弃一切写不完的理由，只要动笔了，就一定要完成它。

剧本初稿完成后，就到了修改阶段。这时可以在编剧组内相互交换看，先帮助对方查漏补缺，指出不足，再各自修改，或者由小组组长统一审阅。记住，这是剧本正式提交给制片方前很重要的一步，千万不能因为赶时间，匆匆把剧本交上去，否则如果剧本中存在错别字等低级错误，会让制片方觉得你连用心做事都做不到，非常影响后续的合作。

业内有一句话是这么调侃的："甲方虐我千百遍，我待甲方如初恋。"在签合同时，除非是名气非常大的编剧或极特殊的编剧，只写一稿，否则合同中一般都会说明，剧本要修改到令甲方满意为止，也就是这一条，让很多编剧拿不到后面的款项。

"满意"是什么标准？可能对方昨天睡觉前看剧本还被逗得哈哈大笑，第二天脑门一拍，突然质疑："这故事行吗？"然后找一堆人看剧本、提意见、研究、开会，提出各式各样的意见，甚至有的意见是非常不合理的，会令编剧愤怒、咆哮、想撂挑子不干。此时，笔者只有一个建议，那就是冷静下来，先逐步分析制片方提出的意见，再把意见归类，哪些是说得对的，哪些是坚决不能改的，哪些是可以变通的，列出来之后，耐心和对方沟通，而不是让自己陷入死胡同，反复想："为什么他们不认可我写的内容？这里肯定不能改，那里也不能改。"

做编剧，一定要有一个好脾气，电视台、播放平台、制片人、导演、策划、编审等，这些人都有可能给编剧提意见。意见反馈回来的时候，要会听，听完了分析，分析了再想解决方案。这里有一个经验分享给大家：剧本修改会议，一定要让甲方亲自参与，并且要做会议记录，以免甲方后期自己把自己的意见推翻，一旦发生这样的情况，起码在下一轮的修改中有一个依据：看，当初你们就是这样说的。

当把所有需要沟通的事情确定好，新的修改方案定下来了，就正式着手修改。

修改阶段的速度不需要太快，要想多于做。当然，这不是让大家磨洋工，但是如果你的修改本拿出来得太快，制片方可能否定得也很快："什么？修改方案讨论了一个月，一个星期就修改出来了？肯定有内容没有修改到位。"所以，时间的把握要慎重。

写剧本像跑马拉松，改剧本像排雷。排雷必须慎之又慎，是快不起来的，所以改剧本要比写剧本烦琐得多。笔者经常听同行说："写一个剧本用三个月，改它用了三年。"这不是玩笑话，事实就是如此。

终于，你的修改本出来了，要继续重复上一个过程，直到所有甲方满意为止。什么叫满意？还是那句话，重在沟通。笔者见过口才不错的编剧，写一半说一半，剧本就过了；见过光写不说的编剧，结果剧本改着改着就换人了，或者编剧自己坚持不下去，放弃了；也见过光说不写，或写得很少的编剧，主要做沟通，这类人，通常被称为编剧界的经纪人。可见，修改中沟通有多重要。

在修改环节，为了避免以上过程无限循环，一定要在合同中标明自己接受改多少稿，而且改到第几稿，稿费要支付到什么比例，这是正当的权益，千万不要签"卖身契"。

最后，再分享一个关于改稿的有趣方法：自己朗读自己的剧本，或者和其他编剧相互读对方的剧本，在读的过程中，你一定会有新的收获和发现。剧本围读充满了乐趣和新发现，是剧本修改中很有趣的环节，只有朗读出来，才能直观感受台词、节奏、人物意图和每一句话的长度，让台词更精妙。

毕竟，修改出更好的剧本，是大家的共同追求。

09 | 故事结构的分类

前面讲了写剧本的要点和过程，接下来，详细探讨一部剧的结构。无论是电影还是电视剧，都要有结构，很多看起来很深奥、洋洋洒洒的影视剧或电影，都是有章法可循的，几个关键的结构点把握好了，就是一个完整的剧本。

一部电视剧或电影最基本的结构通常为五幕剧结构，分为开始、发展、危机、高潮、结局。这是在传统三幕剧的基础上发展而来的更为完整、细致的结构，传统三幕剧分为开始、发展、结束。大家可以比较一下五幕剧和三幕剧的区别，前两个部分是一样的，五幕剧的结束阶段则细化了，细化成危机、高潮、结局，更有利于创作者的创作。

接下来，笔者分别介绍五幕剧的五个节奏。

开始

任何一个剧本都要从"开始"开始，"开始"承载着一部剧或电影的开始。这听起来很像废话是不是？可"开始"不能随便开始，一个好的"开始"必须千锤百炼，字字珠玑，这是笔者反复强调的，编剧的每一个字都很贵，每一个字都必须有所承载。

一个故事的开场，起码要包含以下元素：年代、背景、氛围、人物、冲突、情境，好的剧本，一场开场戏会包含上述所有的元素，让人欲罢不能；不好的剧本，洋洋洒洒写了十几场戏，还在交代上述元素，总觉得观众不明白，或者自己还没写清楚。

这个时候，一定要停笔！好好审视自己写的文字，明明一场戏就能搞定的事情，为什么要写好几场戏？就算你的笔墨不要钱，制片人拍摄时花费的可是真金白银。

一个好的编剧，必须想方设法、绞尽脑汁地搞定第一场戏，让人看了就放不下。理论上说，开场分为热开场和冷开场，无论是热开场还是冷开场，都要起到钩子的作用，钩着观众必须看下一场，否则开场就是失败的。

那么，什么是热开场呢？顾名思义，就是非常热闹的开场，比如一场婚礼、一场热血的战斗、一个紧急的营救任务，跳楼、车祸、开学典礼，等等，场景是动态的。能迅速让观众紧跟着故事情节走的环境，就是典型的热开场。冷开场则相对静态，一个人、一个物、一个长镜头，都是冷开场。冷开场要注重营造某种气氛，给观众留下思考和疑问。一部剧或电影选择冷开场还是热开场，要根据剧情和风格确定，不能一概而论。

作为整部剧的设计者，如果决定不了哪种开场比较好，可以多试、多琢磨。网上有很多对比视频，同样是职场戏，韩国是怎样拍的，中国又是怎样拍的，美剧是怎样的，英剧又是怎样的。虽然有些套路化，但总结的规律可作思考。所以，编剧在练习开场的时候，不妨用一下这种方法，同一个故事，试试将不同的角度、人物、环境等组合起来，看看会产生什么不同效果。

需要注意的是，当你通过尝试，确定了某一个类型的开场之后，后续写作中，无论再想到多好的点子，都不要回过头将开场推倒重来，否则你的剧本可能永远写不完。

发展

千方百计地设计了一个良好的开头后，就进入故事的发展阶段。发展阶段，不能随意发展，要依托故事大纲、人物小传，这是发展的框，只要在框内，怎样发展都行。但是，也有几个原则需要着重提醒。

首先，可写可不写的情节，就不要写了。比如，一个人起床了，一个镜头就能表现，有些编剧却偏要写他怎么穿衣服、穿鞋子，除非这件衣服后来是救他命的防弹衣、鞋子是带有毒品暗扣的鞋，否则不要多着笔墨。记住，影视剧中，尤其是电影中，出现的任何一个道具都要有其重要的作用，如果没有作用，就不要写。

其次，每个情节都必须有推动剧情作用，或前进、或转折。举个反面例子：上一场戏是两人在山洞里，需要想办法逃出去；后一场戏，这两人还在山洞里想办法。市场上的确出现过很多这样的戏，被大众称为"注水剧"，千万别这样写。作为编剧，在剧本创作阶段，一定要加快节奏，让笔下的每一个字都不辜负应有的情节。快有快的节奏，慢有慢的节奏，至于导演怎么拍、后期怎么剪，目前编剧确实没有太多的话语权，但起码编剧要在自己能够左右的剧本环节严格要求自己，不能推动情节发展的戏份一律不要。

最后，情节要符合逻辑。这里的逻辑是一个很宽泛的概念，每个剧本都要有逻辑，千万不要用悬疑片的逻辑来要求言情剧，不要用穿越剧的逻辑来要求历史正剧，不要用偶像剧的逻辑来要求现实主义题材的剧作。

《琅琊榜》《甄嬛传》有可比性吗？没有，它们不是同一种类型，一个讲谋权斗，一个讲情权斗，完全是两套体系。因此，不管你的剧本属于哪种体系，一定要找出这个剧本本身该有的逻辑，并制定一个强有力的标准，这个标准定下后就绝不能再改了。

危机

故事有了一定的发展之后，就到了危机阶段。

什么叫危机？一定是大是大非、生死关头、命悬一线的情节。

有一个通俗的词，叫作"黎明前的黑暗"，指的是经过漫长的发展阶段，角色一路升级打怪，眼看就要到达目标，偏偏出了一个阻力，"啪"的一下，让角色所有的努力都白费了，给了角色巨大的打击。在这种时候，角色还能不能重新振作起来，目标还能不能达成，都是未知，这会让所有观众的心为之揪起来。这在剧本中，就是危机。

这里有一个重要提醒，那就是人物的终极目标和故事线的发展一定要一致，否则忙活半天，回头一看，突然发现故事里的人物目标和故事线没有什么关系，只能推翻重写。这是非常低级的错误。

危机部分一定要谨慎处理，这是编剧与观众的博弈，比如，反派的阴谋要被揭露了，观众恨这个伪君子恨得牙痒痒，可是作为创作者，编剧偏不揭露反派的真实身份，观众的心就会一直被揪着，情绪会跟着剧情起伏不定。

在这种博弈到了末期的时候，进入第四个阶段——高潮。

高潮

之前所有漫长的铺垫，都是为了高潮。高潮的篇幅不会太多，但从编剧到观众都在享受这一刻。这种享受分两种，一种是目的达成的享受，一种是目的达不成的享受，不管是哪种，一定和危机阶段息息相关，只要危机阶段的戏铺足了，高潮就是有用心设计但又水到渠成的结果。

结局

笔者一直认为，故事的结局不是创作者刻意设定的，而是根据剧情发展自然而然诞生的。

只要把故事大纲、人物小传拿捏准，故事前四段写好，这个结局就是自然会摘得的胜利的果实。如果你写完了故事的结局，恭喜你，理论上，至此已经完成一个剧本了。

讲完了故事的基本结构，笔者再简单分享一下故事的其他结构。

（1）多重时间线结构：这可能是剧本创作中最复杂的结构之一，需要把线性的故事混合在一起，比如《云图》《教父2》等。使用多重时间线结构的故事是多故事混合在一起的，故事之间看似没有直接联系，没有因果关系，但有着相同的主题、情感、信息，构成一个庞大的"总故事"，给观众一种宇宙中所有的生命都是相互联系的感觉。

（2）链接结构：这种结构如多米诺骨牌，只要有一个多米诺骨牌向前倒下，其他所有骨牌都会倒下，放在故事中，就是每一段故事的结尾都会影响下一段故事的开头，这种故事会给观众一种感觉，即每个人的生活竟可以如此相互影响，如《木兰花》《撞车》《通天塔》等。

除了这些结构，还有逆时顺序结构（如《记忆碎片》）、罗生门结构（如《罗生门》）、环状结构（如《回到未来》《十二猴子》《环形使者》）、非线性结构（如《低俗小说》《落水狗》）、实时结构（如《千钧一发》《正午》）、梦的结构（如《生命之树》）、Fabula结构（如《公民凯恩》《美国丽人》《阿甘正传》）等经典剧作。

在初学阶段，除了基本五幕剧，其他结构了解即可。初学者处于蹒跚学步阶段，而这些复杂的结构属于凌波微步、飞檐走壁等技巧，在初学阶段是几乎不可能熟练运用的，只能在长期的创作实践中一点点学习。

关于故事结构，笔者分享一个设计技巧。中国香港著名导演杨志坚给笔者画过三幅图，第一幅图中是一棵大树，代表大树结构；第二幅图中是一个火车道，代表火车道结构；第三幅图中是一个梯子，代表梯形结构。怎么理解这三幅图？很简单，第一幅图暗喻个人成长戏，写一个人；第二幅暗喻剧中有一对人物，共同成长；第三幅暗喻众多人物，是群戏，多个角色共同成长。

大家可以概览市面上的所有电视剧和电影，几乎没有哪部影视作品脱离这三幅图的暗喻。

说完了总体结构，笔者要再强调一下结构要点，即无论什么结构，一定要注意从 A 点到 D 点的情节设置。笔者强调过，如果不设置这些点，故事直接就可写"大结局"三个字。从 A 点到 D 点，究竟是如何发展的，有着怎样的障碍，都需要进行筛选、设计，一定要戏剧化，通俗点说，就是要有矛盾、冲突、对立，否则人物想干什么就干什么，故事会变成流水账。

最后，总结一下本小结的要点——写故事一定要有精准的结构选择与方向设置。这两点是相辅相成的，方向就是故事的走向，只有搞清楚了要去什么地方，才能确定如何行进。

10 与资方、平台的合作流程及注意事项

编剧是需要花时间去深耕的，笔者在前文尽可能凝练地分享了这十多年的从业心得，希望对大家有所帮助。世界上没有两片相同的叶子，也没有一模一样的编剧之路，每一位编剧都是独一无二的。

编剧的大脑是奇特的宇宙，每一个想法都可能点燃这个世界，这就是编剧的魅力之一。但是编剧之路是艰苦的，是长久的一个人的战斗。很多年前，一位资深编剧告诉笔者：你是用你的一沓纸去换人家的真金白银，凭什么？凭你的奇思妙想，凭你的与众不同！

很多编剧曾为以下问题发愁：到哪里去找制片人？谁会来买我的剧本？付出劳动之后拿不到钱怎么办？

其实，笔者从来没有考虑过这些问题。笔者在 19 岁的时候写了第一部 40 万字的长篇小说，不为别的，只是因为喜欢。喜欢到什么程度？不写睡不着觉，一闭上眼，就会有各种各样奇妙的梦境。笔者人生中的前两个剧本都是由梦境衍生出的，其中一部小说被拍为影视剧时，笔者在组里才第一次见到什么是真正的剧本。

但这段经历是不值得借鉴的，这只是个例，直到后来做了制片人，笔者才真正了解一部影视剧从无到有的全过程，才有资格写下如下分享。

作为编剧，在与资方和平台合作的时候，大致分为两种合作形

式：一种是原创，一种是委托创作。

无论哪种形式，一定要先聊合同。不签合同的项目都靠不住；合同里不谈钱、明确标注不给钱的也可以就此打住。如果你和一个制片人聊过三次以上，仍旧没有谈过合同，你提了合同的事情他也会绕开相关话题，那就完全不需要再深谈。不要轻信对方的许诺、哭诉、威胁，实在不好直接拒绝，可以说自己病了，虽然很想接这个项目，但是心有余而力不足。

编剧合同是双方合作的基础，是平等严肃的商业契约，不是谁求谁，更不是谁给谁机会。要记住，编剧写出一个好剧本是在给制片人机会。没有好剧本，制片人再有钱，也没有内容可拍。这是一个非常明确的事实，但在当下的环境中，有些制片人高高在上："给你个机会吧，给我把这个题材写了。"总有些没有经验的初学者，或者单纯是想和某个制片人搞好关系的编剧，上赶着要这种"机会"，这样更让那些所谓的制片人飘飘然，觉得自己很厉害，那么多人都在求他给机会。

这会是一个恶性循环。所以，编剧们要团结，不给钱，一个字都不写。这是多年前的行规，可因为破坏规则的人太多，导致现在的编剧行业变得畸形，有些底层项目，必须前五集、分集、大纲全通过审核，才会获得报酬。

对于编剧和制片方来说，合同里最重要的是约定稿酬、交稿日期、稿件质量。什么时候付第一笔稿酬？全部稿酬分多少笔付？每次付款的比例是多少？到了什么程度可以付哪一笔？如果哪一方没有做到合同要求的事项,有什么惩罚措施?笔者见过一个很无耻的合同,标注了很多不合理的扣款细则,如果签了这合同,编剧写完不仅得不到报酬,甚至需要赔钱。

所以,谈合同的时候一定要记住,合同不怕改,一定要谈到大家都满意为止。

关于什么时候付第一笔稿酬,因人而异,有些著名编剧是先给钱再写剧本,而且写完之后不负责后续的修改,但这样的编剧是编剧界的天花板,屈指可数。大部分编剧是签合同后付第一笔钱,这个是定金,无论项目后续如何,这笔钱都是不退的。

定金收到后,就可以开始正式创作了。一般,第二笔费用在大纲阶段支付。合同里通常会有字数要求,比如规定人物小传不能低于1000字、电影大纲不能低于8000字、电视剧大纲不能低于20000字,这些都是相对正常的范畴。

交了大纲后,要求对方几日内审核完毕必须写到合同里,否则制片方大概率会拖延。编剧的时间也很贵,如果到约定的日期制片人没有给反馈意见,就默认为通过,必须支付第二笔钱。如果对方不给怎么办?你可以追究对方的违约责任。如果制片方反馈大纲不通过,合同中也要约定相应的补偿条款,比如支付大纲费用的50%。如果大纲需要修改,必须约定需要改几稿,一般三稿为限,改到三稿后必须结算大纲费用,三稿以上,制片方还不满意,合同自动解除。除此之外,还要签署合同解约协议,如果某一方不签,另一方有权向对方索赔。

读者看到这里可能会有顾虑：合同这么苛刻，谁能和你合作？

记住，合同的签订，是想留下最真诚和最有能力的人，是一道门槛，一个标准。合同能帮助编剧筛选掉不合适的合作者，最大限度地保证编剧的利益。

大纲费用占所有费用的比例，在电视剧领域一般是15%，在电影领域则是30%以上。因为电视剧领域会分很多笔支付稿酬，电影领域的支付则相对集中，所以电影剧本大纲的费用比例会大一点，上不封顶。

一般大纲审核完成后，就进入电视剧分集阶段或电影的初稿阶段，这两个阶段约定稿酬所占比例分别是25%和30%以上。

在这里要强调一下，无论是哪个阶段，一定要注意本阶段内有无修改，若修改，必须约定修改几稿，不要怕麻烦，或者怕别人觉得你矫情。写剧本是一个细致活儿，一个疏忽，就可能留下以后"扯皮"的后患。

除此之外，合同上一定要注明，如上一阶段的稿酬没有结清，甲方不能催促编剧进入下一阶段。很多资方爱用交稿日期来威胁编剧，拼命催促编剧如期交稿，自己却不按时尽自己的义务。合作像是谈恋爱，一定要双向奔赴，这一条注明，可以避免很多陷阱。

电视剧的分集剧本审核通过后，就要进入前三集的剧本写作。

为什么要把前三集单拎出来？因为电视台审的是前三集。这三集非常重要，所以业内有一个不太好的现象，即某位编剧只写前三集，后面全由团队的其他人来完成。这种操作短期内会让一些档期很满的编剧获利,但会让整个行业深受其害。

无论如何操作,前三集的钱都是要单付的,稿酬大概是总费用的 10% 左右。剩下的通常是五集一付,当然,也有三集一付甚至一集一付的。不管如何付,都要保证剧本初稿交付之前,资方付完剧本总稿酬的 70%。

电视剧剧本字数方面,每一集最多 14000 字,有些合同可能会要求编剧写到 20000 字一集。为什么?编剧多写一些,片方就能多剪几集,这在无形中压榨了编剧。因此,有些合同上会注明,播出时多出的集数要按集补付稿酬给编剧。

电影方面,在完成 30000 字左右的初稿后,进入修改阶段,一般是三次修改,在定稿或者开机前,编剧要拿到起码 80% 的稿酬。

电视剧初稿完成后也会进入修改阶段,修改稿酬占总稿酬的 20% 左右,修改方式的约定参照大纲阶段的修改,留 10% 的尾款等待开机后支付即可。

特别强调一下尾款,这是让很多编剧很头疼的事情,前面的钱好拿,毕竟制片方要依仗编剧,可一旦剧本基本定稿,尾款不好拿。编剧催得太早了,制片方会说你小气,那么多稿酬都付了,还差这最后的一星半点吗?可如果按照大部分合同上的约定,等到开机后再要,不少制片方会说:"哎呀,你的剧本后来我们觉得不行,找了其他编剧来改,所以尾款不支付了。"你说怎么办?

还有这样的陷阱:播出以后再付尾款。这是站不住脚的,影视剧播不播是制片方的事,和编剧有什么关系呢?

制片方是商人，这里省一点，那里省一点，省的都是利润，随便找点借口扣编剧的尾款太常见。所以，在签合同的时候一定要约定开机即付尾款，如果尾款付款时间有修改，要立即通知原编剧，不通知则开机就必须付尾款，否则就算制片方违约。

以上是和制片方合作的整个流程，自始至终都是围绕着合同来展开的。编剧与平台的交流，大多通过制片方来对接，当然，平台自制剧除外，因为平台就是制片方。

对于编剧来说，无论是制片方还是平台，都是甲方。除了注意基本流程，一定要摆正心态，要对得起自己的职业，编剧是以创作为基础的工作，不是捞快钱的工具。工作中，编剧要尊重自己的作品，尊重每一个合作伙伴，先听对方怎么说，再仔细辨别真伪，以防上当；面对要求严苛的合作方时，要调整心态，提前做好准备，尽量规避可能会遇到的风险。

至于最后片子能不能播、什么时候播、在哪播、播到什么程度，其中涉及的因素太多了，不是编剧能左右的，编剧所能做的就是关注时事，寻找空白点，在已有的热门剧的基础上做创新，预测下一个爆款的方向，创作出更优质的作品。

在此，笔者要给想要入行，或者已经入行的编剧朋友三个建议：

第一，一定要尽量争取和比你水平高的人合作；

第二，作品是编剧被认可的敲门砖；

第三，剧本越好，话语权越大。

祝大家都能尽快入门，找到自己的方向，写出自己的代表作品。

Chapter 02
第二章

漫画剧本写作

作者：陈正义
漫画编剧，网络作家
代表作：《都市传说调查组》《双瞳先生》

01 漫画剧本创作常识

编剧的含义

编剧是剧本的作者。

编剧以文字的形式表达节目或影视剧的整体设计，作品叫剧本，是影视剧、话剧等的表演蓝本，成就突出的职业编剧被称为剧作家，最具有代表性的剧作家是莎士比亚。编剧的艺术素养要求较高，一般需要具有较强的文字表达能力，并且熟悉影视、戏剧、广告、专题片运作的相关流程和表现手法等。

传统编剧需要掌握剧本的主题、结构、人物、场景、景别、空间、机位等相关知识。

漫画编剧

相比传统编剧，漫画编剧的工作要少很多。因为漫画是静态的，由定格画面和人物台词来输出内容，所以漫画编剧要掌握的最重要的内容是漫画的主题、人物和台词的写作技巧。

国内标准的商业漫画大多是由团队合作完成的，整部漫画的风格、画面构图、颜色由主笔确定，而上色、勾线等工作由助理等其他人员完成。

漫画编剧的主要工作内容是把整部漫画的故事策划好。讲好故事，是编剧的第一工作原则。

漫画编剧需要掌握主题、镜头语言及漫画脚本等写作技巧，接下来将进行细化讲解。

漫画编剧的第一项工作就是确定自己想要撰写的主题，然后将主题扩展成为故事大纲。

故事大纲有一定的格式要求，一个简单的大纲示例，如表2-1所示。在大纲中，漫画编剧需要确定一些具体的作品资料，如作品名称、作品类型、读者定位、作品看点、故事梗概等。许多平台的编辑在审稿的时候，会特别注意剧本的格式是否工整，根据大纲判断这个剧本是否符合当下的市场定位。

表2-1　大纲示例

作品资料	作品名称：		
	作者：	作品类型：	读者定位：
作品看点			
备用名称			
故事简介			
故事大纲			
人物设定			
内容卖点			

【1】注意，作品名称要有唯一性，不能与其他作品重名；"作者"一栏要写明作者的名称以及联系方式；作品最好有三个备用名称。

如果不清楚平台的投稿格式，可以去各大漫画网站下载大纲模板。当然，并不是说每个人都要严格按照网站提供的模板写作，不能有丝毫差错，网站提供大纲模板只是为了让漫画的大纲包括尽可能多的必要信息，如果自己有更好的展现形式，可以不必严格按照模板来呈现。但是一定要注意，无论是何种展现方式，都要把编辑关心的问题逐一写清，否则很容易被退稿。

作品名称

一个优质的漫画大纲，需要一个让人一目了然的名称，以便读者从作品名称中看到故事的卖点，勾起读者的兴趣。下面通过两个正面案例《修仙聊天群》《这个玩家明明超强却过分谨慎》来介绍如何给自己的作品取一个好名字。

修仙（玄幻元素）+聊天群（现代元素）

以新奇的设定为标题，更能突出作品的特色与卖点。"修仙"与"聊天群"这两种元素结合在一起，可以形成新奇的反差，给读者留下深刻的印象，引起读者的阅读欲望。

明明超强（主角实力）+过分谨慎（主角人设）

同样是两种元素结合在一起，但这一次并不是将设定带入标题，而是用"超强"和"谨慎"两个形容词，让主角的人设和行为有强烈的反差，制造出悬念，勾起读者的阅读兴趣。

其实，作品名称的形式不必拘泥于上面两种，核心观点是能让观众从标题中读到新颖点。

反面案例：《××修罗》《××霸天》（用一系列"文青""中二"用词当作标题）。

使用特别"文青"或者"中二"的词语做标题已经不符合当下读者的接受习惯了，甚至会让人有一种天然的排斥感。拥有庞大粉丝基数的成熟作者，在作品本身的质量过硬，有能吸引读者的保证的情况下，标题才"有资格"偏艺术一些，新手不要轻易尝试。

随着时代的变化，以及读者审美的升级，很多以前觉得特别有格调的词语，现在看会觉得老套和尴尬，而且，网络时代作者跟风的现象非常严重，比如，一本名字中带有"修罗"等关键词的作品火了，作品库中就会出现一大批名字带有"修罗"的作品，这种跟风会随着读者的一时兴起而快速蔓延，但很快会因为读者审美疲劳而快速消退，前段时间在网络上爆火而现在又逐渐沉寂的"赘婿"题材就是很好的证明。

总之，不建议跟风取标题，最好根据自己作品的特色取标题。

作品类型和作品看点

确定作品类型，就是给自己的作品打标签，如悬疑、热血、青春等。

在网络时代，读者会被打上各种各样的标签，平台会利用大数据，将读者分入一个个"流量池"，如喜欢阅读悬疑漫画的读者会被打上"悬疑爱好者"的标签，一群悬疑爱好者聚集，所代表的流量形成特定的"悬疑流量池"，如果你的作品分类是悬疑，那么平台就会自动把你的作品分配到这个流量池中，从而让你的作品获得更多精准流量，提高作品的完读量。

还有一种标签是"作品看点"，即你的作品与其他同类作品的不同，作品看点要写出自己的特色。比如，同样是冒险题材的作品，大多数作品的主角出生时是勇者，你的作品的主角出生时是大魔王，这样就能让读者获得心理反差，从而带来更多的阅读量。

故事简介

故事简介需要简单讲述整个故事的基本内容，一般不超过300字。故事简介太长，会让审核稿件的编辑失去耐心。

许多编剧会在开头用"一句话简介"来代替故事简介，把整个剧本想要表达的内容用短短的一句话来概括，这样可以让故事一目了然。一句话简介写得有趣，审核编辑更有兴趣继续看下去。

举几个例子，大家感受一下故事简介的写作方式。

《死亡笔记》简介：主角捡到一本只要写上名字对方就会死的笔记本，从此主角自以为自己是正义化身，开始用笔记本猎杀罪犯。

《死神》简介：有特殊能力的日本某高中生，在街头邂逅了一位来执行任务的神界少女，任务是处理某种邪恶怪物"虚"，为了维护人类和神界的和平，主角和伙伴们开始了漫漫征程。

《排球少年》简介：小时候，日向翔阳在电视上看见排球比赛，乌野高中的一名小个子球员在球场的英姿，简直就是个"小巨人"，日向翔阳从此迷上排球，为了实现成为"小巨人"的排球梦想，一直不断努力着……

故事大纲

故事大纲必须根据整个故事的起承转合来写，挑选主要事件。不要用流水账的方式记录所有事件，而是要穿插故事的任务主线、人物情感线，以及配角的故事线，使得整个故事更加立体。

起承转合，说直白一点就是开始、发展、高潮、结尾。

这四段，每一段都十分重要，其中，"起"要由爆炸性的事件开头。

举例：故事主线是主角想当演员，起承转合如下所示。

起（开始）：主角去艺考的途中出了车祸，毁了容。

承（发展）：主角不肯放弃，去横店当群演。

转（高潮）：主角被一个导演看中，因为剧情需要主角这种毁了容的特型演员。克服重重困难，主角终于走上大银幕并大火，实现了演员梦。

合（结尾）：主角讲述了自己演员道路的辛苦，赢得了观众的认可，最终成就了自己

其中，"转"要特别注意，一个故事转折越多，故事性越强。

关于起承转合，将在后文详细介绍。

人物设定

人物设定主要由故事中的主角，以及一系列主要配角构成。其中，每一角色的外貌特征、性格、爱好、口头禅，以及背景故事都需要编剧完善。对于剧中不重要的角色，如只出现一两回的角色，不必写出来。

内容卖点

题材是卖点之一，一个好的题材能让剧本从众多千篇一律的漫画剧本中脱颖而出。比如，所有人都在写勇者斗恶龙的故事，你却写了一个以恶龙为主角的标新立异的故事，自然能引起读者的关注。

又如，传统修仙题材涉及的多是修炼、夺宝、奇遇等元素，很少把修仙和现代科技连在一起，《修仙聊天群》就用了一个非常新颖的题材，将现代聊天软件和修仙世界联系起来，非常吸引人。

在这里，读者可以开一下脑洞，如"魔法师穿越到科技世界""主角开局以一个细胞的视角慢慢成长""男女主角身体互换"等，无论是什么题材，要想吸引人，最重要的是创新。

设定也是卖点之一，好的设定，能让一个平庸的故事出类拔萃。

比如，某部作品中出现了海贼悬赏金设定，当主角完成一次任务，获得第一笔悬赏金后，观众就会一直期待主角下一次会干什么大事，从而增加自己的悬赏金。

还有"七武海""四皇"这些听上去就很酷的称号，会让读者好奇主人公到底有什么样的实力。这是一种"等级设定"，在我们的故事里，也可以利用这种等级设定，增加读者的期待感。

不过，等级设定不能太多，1 到 10 级很合适，1 到 100 级则显得又臭又长。

主角在升级的过程中，不能明显地开"外挂"，期待＋努力＋战斗＋胜利，才是正确的打怪升级公式。

还有道具设定，如《死亡笔记》中的死亡笔记，只要拿到笔记本，写上任何一个人的名字，他就会死。这样恐怖的设定，不但能给剧情增添悬疑气息，还十分吸引人，因为观众时刻都在关心："要是主角不小心把笔记本丢了怎么办？""要是死亡笔记不止一本怎么办？""要是写在笔记本上的人跟自己同名怎么办？"一个新奇的道具设定，即便作者设置得不够严谨，读者也会自动帮忙补充。

把道具设定发展到巅峰的漫画是卡牌类漫画，每一张卡牌有一种单独的设定，主角可以对卡牌进行组合，从而让剧情更加饱满。即便故事老套，使用设定得如此详细的卡牌，剧情也会十分丰富，优质作品如《游戏王》等。

此外，还有一个不可忽视的卖点是剧情。编剧，编剧，不就是编写剧情吗？一个故事最核心的卖点还是剧情。好的设定、好的题材，只会为你的故事锦上添花，若你写的故事内容驾驭不了自己的设定和题材，依旧会被读者打上"烂作"的标签。

要想写好剧情，必须运用好前文提到的"起承转合"。

起："起"是一个故事的开始，也是整个故事中最重要的部分。

纵观现在的商业作品，绝大多数以"事故"开头，这里的"事故"有很多种意思，如"主角开局不顺""开局主角就得了大病""开局主角的亲人就去世"等。

总之，"虐主角"是很常见的开头方式，目的是更好地留下读者，看看主角如何靠自己走出绝境。

承："承"是一个故事发展的过程，开局给了主角一个特别悲惨的命运后，"承"的作用是让主角的命运继续悲惨下去，并且要给一个合理的解释，并展示主角周围一系列人的反应。简单来说，"起"就好比给剧情挖了一个大坑，"承"要负责完善这个大坑，并且为接下来的剧情做铺垫。

转：当故事到达平淡点的时候，就需要出现转机了，有时候，几分钟的剧情里要出现好几个转机，一话漫画中至少需要出现2～3个转折点。例如，当主角一帆风顺时，一定要给他一些打击；当主角遭受磨难时，一定要给他一些希望；当主角以为自己能看到希望时，最好再给他一些打击。

合：整个故事的结局。

故事的结局其实非常棘手，因为要填完上面挖出的所有"坑"，至少不能有明显的逻辑漏洞，而且要考虑人物关系和情绪起伏。所谓"合"，就是把之前的所有线，包括主线、感情线、暗线、配角故事线都收拢，按照故事风格给出一个合理的结局。

结局是悲是喜,要看作品的整体风格和题材。例如,童话题材尽量避免悲剧结尾;爱情题材可以出现悲剧结尾,但不能太过压抑;少年热血题材可以出现大团圆式结局,但主角一定要失去点什么,在性格等方面有所成长。

02 故事线处理及人设塑造

故事线,包括故事主线和故事支线。

什么是故事主线?故事主线是指主角在整个故事中的核心任务。例如,少女漫画以爱情为主线,主角的核心任务是跟男主在一起;少年漫画以反抗恶势力为主线,主角的核心任务是打败反派。

故事主线是引导主角推动剧情的核心动力,在作品中,给主角确定故事主线,就和单机游戏中给玩家一个主线任务一样重要。故事主线可以映射出整个故事大纲的构架及世界背景,甚至还能体现主角的性格。

故事主线怎么设定?故事主线可以理解为一件主角不得不做的事情。例如,天生喜欢自由的主角,某一天被坏人囚禁了,那么他的故事主线就是追求自由;拥有信仰的主角,某一天信仰被摧毁,那么他的故事主线就是重拾信仰；热爱生命的主角，某一天生命受到威胁，那么他的故事主线就是保护自己的生命……

万能故事主线公式：主角在乎的东西 + 拿走主角在乎的东西 + 主角追求自己在乎的东西。

什么是故事支线？故事支线是故事主线内容上的延伸。故事主线就像树干，支线就像延伸出来的树枝。故事支线的内容一定要跟主线内容相关，支线剧情可以是让主角获取重要的道具、收获重要的情感，也可以是故事主线的另外一种演绎。

故事支线的主要设置目的是丰富整个故事的内容。

如果把故事主线比喻成第一平行宇宙，那么故事支线就发生在第二或者第三平行宇宙。在第一平行宇宙中，主角做了某些重要的决定，会影响第二或者第三平行宇宙中所发生的事情。

反之，同样的道理，支线中的重大事件也可以蔓延到主线中，影响主角的决定或者性格。

总之，在确定故事主线和故事支线的时候，一定要逻辑严密，不能有明显的漏洞，且除了剧情上的变化，要特别注意主角及配角情感上的变化。

什么是感情线？对于少年漫画来说，感情线可有可无；对于少女漫画来说，感情线则非有不可。感情线可分为明线和暗线。明线是男女主表面的状态（相互喜欢或者相互讨厌）；暗线是男女主背后的顾虑和对对方的真实看法（虽然喜欢对方，但由于某种原因不能跟对方在一起，或者最初不喜欢对方，但慢慢接触之后改变了对这个人的看法）。

优秀的感情线，可以调动读者的情绪，帮助读者与作品中的人物产生共鸣。

男女主角或许有非常明显的情感缺陷，但他们之间可以是互补的，也可以是共鸣的，所以我们在设置感情线时，要考虑男女主角的情感状态及人格特色。当男女主心中的情感缺陷被对方弥补或者接受的时候，读者会产生幸福感，从而提升阅读体验。但如果故事还不到结束的时候，在主角感情最好的时候可以制造一些波折，让男女主之间产生隔阂。这种隔阂需要在前面的剧情中埋下伏笔，比如身世差异大，让刚刚体验过幸福的读者开始为对方担心。至于感情线的走向，需要根据作品中的人物性格，以及整个作品的基调来确定，如果是悲剧，大多数会处理成分手或者别离；如果是喜剧，主角会幸福美满地生活在一起。

在现代创作中，作品一般是连载性质的，作品的基调会很容易被读者打乱，比如，在男女主最幸福的时刻，读者会在评论区大量留言不要让他们分开，否则就"取关""弃坑"，有的作者害怕自己的读者流失，会听从读者的意见。

笔者并不支持这种做法，一个作品，特别是其中的感情线，主观色彩十分强烈，想要保持作品的完整性，需要创作者自己思考结尾。

故事线该怎么搭配？创作故事整体设定应该客观、立体，书写剧情应该主观、感性。我们铺设的故事线和延伸出去的支线，都应该有合理的解释。

例如，主角的主线任务是夺回自由，配角们跟着主角，目的也是夺回自由，那么配角的故事线跟主角一样，同为夺回自由。设定了这种主线后，不能只站在主角的立场上去想问题，也要思考为什么反派要夺去主角和配角的自由，反派不能毫无理由地作恶，不能没有理由地去当坏人。

设计出反派夺取主角和配角自由的理由，这个理由就是反派的主线。

在故事中，不能一直以主角的主线为主，否则会造成阅读疲劳，故事变得十分扁平化。对配角的故事线进行描述也十分必要，配角的故事线，应当看作独立于主线之外的另一个故事线，在这条故事线中，配角才是主角。

在配角的故事线中，一定要体现配角的多方面性格，以及人设亮点，这样才能把配角塑造得更加生动、饱满，而不让观众觉得配角仅是为了给主角做陪衬的。实际上，很多作品中，配角的人气比主角的人气要高得多。

如何塑造有亮点的人物角色？

塑造立体角色的一个重要方法，就是提前确定人设。

塑造人设的目的，是给作品中的人物增加灵魂，让人物不仅仅是我们笔下简单的工具人。

给人物添加特定的背景故事、外貌、服饰、性格特征，是为了让人物更加立体化。再加上漫画作品是以画面的形式呈现人物形象，所以给主角及配角提前塑造人设是非常有必要的。

人设最大的作用，是让读者记住这个角色，哪怕只是一句话，一个小特征，只要能在读者或观众的心中留下深刻的印象，这个人设塑造就成功了。

经典例子如下。

真香。

打工是不可能打工的。

我从来没碰过钱，我对钱没有兴趣。

相信大家听到这三句话，不用特意思考，立即就能反应过来这些话分别是谁说的，甚至脑海里还能出现一幅幅"表情包"。

这就是塑造人设的经典案例。

除了上述给人设增加基本的外貌和性格特征的方法，还可以从打造口头禅，以及制造人物性格或者行动反差方面来增强人设的记忆点。

举例如下。

一个身高一米八、人帅多金的霸道总裁看似毫无缺点，但背地里是个"妈宝男"。

全世界最有钱的人，说自己的精神实际上很贫穷。

在外形上明明很丑陋的人，却非常自恋，常常觉得自己人见人爱。

记住，有明显的优点＋有明显的缺点，制造让人意想不到的反差，更容易塑造一个成功的角色。

除了给这些角色一些初始设定，精心设计后期人物的发展变化，也是塑造人物的关键点之一，这就是人物弧光。"人物弧光"是人物本性的发展轨迹或者变化轨迹，无论是变好还是变坏，伴随着故事的推进，故事中的人肯定会因为某些事产生心理或者外形上的变化，并且有些变化是作者不可控的。在创造人设时，给了主角或者配角一些初始设定之后，不要忘了设想他们在剧情后期会发展成什么样。

许多新手在塑造人物的时候，总会把主角设定成几乎没有缺点的人物，而把反派设定为纯粹的坏人，这样非黑即白的设定是十分令读者反感的。就算是主角，也会有犯错误的时候，而对于反派，也要给予一定的"洗白"的理由，毕竟好人做一点点坏事就会令人厌恶，而坏人做一点好事就会被人同情、原谅。没有绝对的好人，也没有绝对的坏人，人物的正反面只能是相对的。

单独的人物塑造是远远不够的，一个人物塑造得再有趣，也不可能撑起整个故事。一个人物就好像一个化学元素，和另外一个化学元素结合的时候，可能产生令人意想不到的结果，这就是常说的"CP"。现如今的网络上虽说"万物皆可组CP"，但作为创作者，一定要知道其中的搭配要点，人物之间可以是互补关系，也可以是竞争关系，总之，就是让两个角色看起来不和平，但在内心深处互相欣赏。比如漫画中的经典CP：《火影忍者》中的漩涡鸣人和宇智波佐助。这两个人，一个傲娇话少，一个话痨自来熟，除了在性格上互补，二人也都经历过别人无法理解的孤独。

CP之间必不可少的东西是"羁绊"。羁绊可以是二人共同努力完成了一件事所收获的友谊，可以是对同一个事物有着相同看法的默契，也可以是二人在内心深处互相隐藏着的对对方的欣赏。类似的组合不少，基本上，每部漫画或者动漫中都能找得到。

除CP之间的人物搭配，对手和配角之间的人物搭配也相当重要，且关键点是相通的，那就是在一定程度上，能用某种性格或者特质，跟主角互动（不管是讨厌，还是喜欢），久而久之，能打破两人之间的表面关系，获得新的、特殊的羁绊。

人物搭配的万能公式为性格（互补）+关系（竞争或者合作）+内心（互相欣赏）+能制造二人羁绊的事件。

公式中的"人物"不一定指人，根据题材的不同，人和动物、妖怪，甚至桌子、板凳，都能进行搭配。

总而言之，只要让观众觉得，看见这两个人（或者多个人）就觉得很有趣，搭配就算成功了。

不能塑造非黑即白的世界观，同理，也不能塑造非黑即白的人物，那么，为什么有主角和反派的区别呢？"反派"一词会让人联想到"坏人"等贬义词，这是一个惯性思维。在写作时，我们可以把作品当中的人物分为三个部分：一部分是主角等主线人物，一部分是阻拦主角想法或者行动的对立人物，还有一部分是趋于二者之间的中立人物。主角想追求自由，但自由会破坏秩序，与主角对立的人物的使命就是维护现有的秩序，为此不惜牺牲一部分个人的自由。双方都各自有着某种理由去做某件事，只不过读者视角以主角的视角为主,所以在某些方面,思想更加倾向于主角。"反派"不一定是"坏人",只是"对立角色",这样塑造人物,不会显得那么没有深度。

03 漫画分镜头脚本的创作

创作漫画剧本,分为两个部分,第一部分是撰写漫画大纲,第二部分是创作分镜头脚本。创作分镜头脚本前,我们需要掌握基本的分镜头原理。

镜头的概念

镜头是构成影视作品最基本的单位。一个镜头可以指一段画面,无论这段画面有多长时间,只要这个画面没有经过剪辑,都叫作一个镜头,如果这个镜头特别长,可以叫长镜头。

分镜头文字脚本

撰写分镜头脚本是编剧的主要任务之一,其中,视频编剧还需考虑拍摄方法、剪辑方法、镜头时间等因素。完整的分镜头文字脚本如图 2-1 所示。

镜号	景别	拍摄方法	画面内容	台词	时间	备注
1					1	
2					1	
3					1	
4					2	
5					1	

图 2-1

一个镜号就是一个镜头,可以用数字"1""2""3"表示。每个镜头中都有景别,如远景、中景,这就是景别,需要写出来,方便摄像师拍摄或画师去画。除了景别,还需要考虑拍摄方法,比如,某个镜头需要表现场景的紧张感,需要用到推移等拍摄手法,应该标注在文字脚本中。拍摄方法听起来更适用于影视作品,但是漫画和影视剧有很多东西是相通的,拍摄方法在漫画中也十分重要。

最重要的是画面内容,需要考虑的东西很多。单独的一个镜头就是一个场景、一个画面内容,难点在于编剧需要把这些画面内容拼凑起来,形成完整的剧情。因此,在写画面内容的时候,编剧需要注意剧情的连贯度及逻辑性。台词是文字脚本中重要的内容,影视作品和漫画都是用画面讲故事,所以特别忌讳出现大量的台词和心理独白。好的台词应该是简短、朗朗上口,且带有情绪的,能够凸显人物的性格与心理。

有的编剧会有意追求台词的内涵，比如表面上说一句话，致力于让观众联想到另外一层意思，过度追求这种台词，容易变成"苦吟诗人"，有佳句而无名篇。所以，在某些重要的剧情中可以仔细斟酌台词，但在正常的交流剧情中，台词要符合角色性格。

需要特别介绍一下的是备注，在影视剧脚本中备注非常常用，比如这个镜头需要用到哪些道具、后期的特效应当怎么处理……编剧的想法可以通过备注反馈给后期人员或者其他工作人员。在漫画脚本中，也可以备注一些与剧情有关的特效建议，这样，特效师才会明白编剧要什么样的效果。

分镜头脚本的作用

分镜头脚本一共有如下四个作用。

第一，给出前期拍摄或绘画的内容参考。

有了文字内容的存在，可以很直观地看出整个剧情的脉络，以及拍摄或者绘画时所需要用到的场景和人物。

在漫画创作中，编剧应该考虑到，这一话的脚本里面，有哪些人物需要出场、他们分别是什么表情，画师看到这些内容，可以提前准备、构思，从而提高工作效率。

第二，提供后期制作内容依据。

定稿的脚本，是经过导演和编剧，甚至是整个团队审核的，所以后期团队一般需要严格按照脚本的内容去执行。后期制作成品时，也需要文字脚本作为参考，所以分镜头文字脚本十分重要。

第三，提供长度和经费参考。

不管是视频作品还是漫画作品，都不得不考虑整体长度，因为这关系到整个团队的经费问题。作品偏长，很容易造成经费不足。

所以分镜头文字脚本的基本要求是精简，删减不必要的镜头。

第四，把整个故事镜头化。

这是非常重要的一点，因为编剧写出来的是文字，最终呈现出来的则是画面，这中间需要分镜头文字脚本来搭建桥梁。漫画脚本应该用画面去讲故事。

总而言之，分镜头脚本的核心作用是编剧把文字内容具象化，用一个个镜头去表现自己想表达的故事。这十分考验编剧的空间想象能力及角色塑造能力，先用文字描述凭空想出来的画面，再制作成画面。

编剧想象的画面很主观，需要经过特殊处理才能写成脚本，这种特殊处理就是区分景别。

景别

景别是镜头最基本的属性，所有影视作品，包括漫画作品，都与景别息息相关。

当我们拿着相机去拍摄一棵树，这棵树就是我们的被摄主体，我们在不改变相机任何参数的情况下，慢慢朝着那棵树移动，这棵树在相机中所占的画面就会越来越大，这就是景别产生了变化。

总之，景别就是被摄主体在画面中的大小和范围。

景别的类型共有五种，分别是远景、全景、中景、近景和特写。

远景：远景是所有景别中，被摄主体看起来最远，或者最小的景别，一般用来交代环境、抒发情感及渲染氛围。远景通常运用在作品的开头，比如需要描述这是一个什么样的世界，以及这里的环境怎么样时，会用篇幅比较大的远景来简单明了地表现周围的环境。

全景：全景一般用在小场景或者单独的主体上，如果主体是一个人的话，那么这个人从头到脚，全部都要在画框内部；或者一个小房间内的全部画面，也可以叫作全景。相比深远宏大的远景，全景可以展现一部分人物或者场景的全貌。这种景别一般用来叙事，或者用来展示某一个人跟其所处环境的特定关系。

中景：中景指被摄人物膝盖以上的画面。相比全景，中景更能凸显出画面中的主要人物。因为人物的形态动作及位置关系都能在中景中得到很好的表现，所以中景经常成为叙事镜头，最适合讲故事。

近景：近景指被摄人物胸部以上的画面。这种景别可以很好地展现人物的表情，而看不到人物的肢体动作，常常用来表现人物的情绪起伏，或者某些特定的心理变化。由于近景给人的冲击感很强，所以在使用这个景别的时候，往往会故意淡化人物背后的环境及装饰物，目的是让读者把全部的注意力放在近景中的人物上面。使用这个景别,很容易让观众或者读者与主体人物产生情绪共鸣。

特写:特写镜头具有强大的冲击感,因为在特写镜头中,被摄主体所占的画面非常大,甚至只能表达主体的某个局部。这种景别主要起突出和强调作用,比如,要表现一个人哭泣的状态,用中景和近景是无法获得强烈冲击感的,给一双闪烁着泪花的双眼特写,则可以使得这种伤心或者感动的情绪直击读者内心。

除了传递情绪,特写景别也能对某些道具起到强调的作用。比如,剧情中,某个道具对主角十分重要,那么必定有这个道具的特写镜头,这其实是在给观众一种信息,说明这个反复出现的道具十分重要。

在某些恐怖片中,甚至会反复给恐怖道具一些特写,比如一个普普通通的娃娃,在恐怖背景音乐的加持和特写镜头的冲击下,会让观众觉得它正在盯着自己看!

这种特写,能刺激观众,让故事更加精彩。

镜头角度

按镜头角度分类,可以分为平视镜头、仰视镜头、俯视镜头、主观镜头4种,接下来逐一介绍。

平视镜头:使用平视镜头时,观众的视角跟画中人物的视角保持同一水平。这种角度会使得观众有一种身临其境的感觉,更加有与角色交流的亲近感，因此，这种角度是最常用的角度。

仰视镜头：仰视镜头是从下往上看的镜头，可以使人物形象或者物体更加高大伟岸，一般在特殊人物出场时使用，或者用于凸显人物的实力、性格等。仰视镜头具有极强的压迫感，因此这种镜头也常被用在反派身上，如表现体型高大的怪物，通常都是仰视镜头，可以体现怪物对普通人的威慑力。除此之外，这种镜头也可以表现人物之间的关系，如下级看上级时，一般是仰视镜头。

俯视镜头：俯视镜头和仰视镜头相反，是指观众的视角向下，所突出的人物显得卑微渺小。特定斜度的俯视镜头，可以凸显人物的心理状态，如紧张不安等。同时，俯视镜头可以跟仰视镜头形成组合镜头，比如用于表现上下级对话。

主观镜头：主观镜头即第一人称视角，这种镜头更加有代入感，且更加晃动，甚至还会让观众体验到角色主观视角所看到的特殊画面等。这种镜头会给观众带来一种身临其境的感觉，使得观众以为在主观镜头中所看到的东西是发生在自己身上的。

各种角度的镜头，都有自己特定的情绪和表达方式，因此，考虑一个画面时，要先确定这是一个什么景别的画面，再思考画面要传达什么样的情绪，画中人物用什么样的镜头角度比较合适等。这些东西是十分讲究的，如果说画中人物的表情、动作和台词都是看得到的剧情，那么景别和镜头角度等都是观众看不到但可以感受到的剧情。

04 | 如何组合完整的漫画文字脚本

漫画分镜头

张弛有致的画格、富有冲击力的画面，以及紧凑的剧情，这些都给了漫画极具特色的表现形式，在这背后，工作人员花了不少精力准备。

在国内漫画团队的工作流程中，想要完成一话漫画，首先需要编剧准备完整的文字脚本，其次主笔根据文字脚本画出大体内容，上色人员根据画面内容上色，最后再加特效字幕等。

只有完成了这些繁杂的工作，才能呈现出精彩的漫画内容。现在，回到所有工作的第一步，漫画编剧所需要准备的是文字脚本分镜头，简称分镜。分镜其实就是对文字脚本的一种演绎，编剧撰写出来的文字脚本需要有适当的剧情，以及足够的画面感，才能给画师足够的想象空间。分镜写作表格如表 2-2 所示。

表 2-2 分镜表格

格数	景别	画面内容
1		
2		

相比影视分镜，漫画分镜是静态画面，所以在撰写分镜时，需

要避免出现动态词语，直接描述画面信息即可，读者可根据分镜理解剧情。

漫画分镜构成模式

漫画分镜的主要组成要素有格数、景别、画面内容和台词。

格数相当于镜头顺序，需要注意先后顺序和叙事逻辑。

景别可以让画面拼接得更为合理，给画师以构图参考。

画面内容处，需要把文字内容用描述画面的方式呈现出来。

台词是表现人物性格、帮助读者获取剧情信息的重要形式之一。其中最需要注意的是，在描述画面内容的时候，尽量使用静态的词语，而不要使用动态的词语，因为漫画的画面是静态的表现形式。

如果编剧在一个画面描述中使用过多的动态词语，这个画面就会被拆分成多个画面来表达。比如以下一句话。

男主猛地回头，看见女主身后有一支箭，连忙朝女主大吼："小心身后！"

请问这句话，如果写成漫画分镜的形式，一共有多少个画面？编剧的工作，就是对动态的场景或者动作进行拆分重组，让读者即便是在静态的画面中，也能看到动态的内容。

比如上面那句话，如果改成漫画静态脚本，如下所示。

1.（格数）

近景（景别）

男主表情紧张，看着身旁的女主（画面内容）

男主：小心身后！（台词）

用这样的表现形式，可以很好地规避动态描述，同时保留原有的情绪和剧情，给画师很明确的提示。所以，撰写脚本的时候一定要注意采用漫画脚本的写作格式进行写作，即格数+景别+画面内容+台词（静态）。

为什么编剧不用很详细地描述画面内容？在弄清楚这个问题之前，我们先了解一下国内漫画团队的结构。

国内的漫画团队，大多分为两个组成部分：一个是编剧，一个是画师。编剧负责故事的主体内容，画师负责画面的主体内容。

换句话说，编剧把控故事，画师把控画面和风格。

所以，编剧在描述一段画面时，把大致场景简单描写一下即可，比如，一个商城的画面，编剧只需要写出这是个人多的商城还是个人少的商城，不需要写"商城有上下移动电梯，人很多，有小孩在嬉戏打闹，有情侣在拥抱，有白领赶去上班"。

这种过多的跟剧情无关的描述会大大增加画面中的要素，但对剧情推进没有很多帮助。

国内的漫画团队和日本的漫画团队不一样，日本的漫画家是集剧情和画面于一体，有时一个人负责整个漫画的剧情及画面，身边甚至不用助手，因为日本漫画大多是一个月更新一本，而中国漫画的更新速度要快得多，通常要一个星期更新两话，甚至更多，因为网络上传很快，不需要印刷等烦琐的步骤，大大加快了漫画团队的工作节奏。更重要的是，大家为了追求质量及提高竞争力，现在国内市场上几乎所有的商业漫画都是上过色的,这增加了画师的工作量。

所以,在国内,想要维持一本漫画的正常更新,只能采取团队合作的形式,每个人负责一个板块,更新的压力自然就减小了。因此,国内的漫画作品,与其说是编剧或者画师的作品,不如说是一个团队共同的作品,每个团队成员都在自己负责的内容上进行创意加工。实际工作中,漫画团队中的编剧很少干预画师的工作,如果给背景过多的烦琐描写,会给画师增加不必要的工作,漫画编剧在描写画面内容时,突出主要内容即可。

蒙太奇

蒙太奇在法语中是"剪接"的意思,之后被发展成一种电影镜头组合的理论——把各种镜头拼接在一起,引导观众看懂创作者想传达的信息。

例如,把男主"愁眉苦脸""房间脏乱"等镜头组合在一起,可以让观众看出男主生活不如意,处于低谷。

类似的镜头组合有很多,举例如下。

一个面无表情的男人 + 一具棺材 = 情绪悲伤

一个面无表情的男人 + 一个只剩残渣的空餐盘 = 饥饿

一个面无表情的男人 + 一个美女露出妩媚的表情 = 心情愉悦

仅是画面之间的互相组合,就能获得情绪反应;不依靠台词,甚至不依靠剧情，只是用这种蒙太奇的剪接，就能起到讲故事的作用。

漫画是静态画面表现形式，一定少不了对蒙太奇的运用，而编剧更是要熟悉蒙太奇，并且把它融入自己的文字脚本。

连续性蒙太奇

连续性蒙太奇是最常用的蒙太奇，常常用来连续叙事，运用手法是用下一个镜头来承接上一个镜头的内容，使两幅画面连贯。

一幅画面中，两个人在对话，如果第一幅画面只显示其中一个人，那么他的站位及角度，都要和下一幅画面中的另外一个角色对应。比较典型的例子是过肩镜头，比如，面向观众的一个角色在与另外一个角色对话，为了不让另外一个角色在下一个镜头中出现得十分突兀，这个镜头中得带出他的一点肩膀，甚至是其他身体部位，从而证明正面说话的那个角色是在和他对话。

连续性蒙太奇具有画面层次分明、叙事条理清楚的特点。

颠倒式蒙太奇

颠倒式蒙太奇是在时间线上从过去转到现在，一点一点还原真实的景象。这种手法十分像作文中的倒叙或者插叙，在画面中，我们需要暗示观众时间线是从过去转到现在的。使用这种手法，一般需要增加转场，或者用特殊的滤镜来区分过去和现在的不同。

比如，如果时间线在过去，所呈现的风格和画面可能会偏复古或者老旧一点，如果时间线在现在，现代元素就多一些，最近的新奇事物及新闻会在剧情中出现，给观众以提示。

如果觉得自己给出的暗示不够明确，可以直接将时间标注出来。比如，在第一格画面中标注"现在是××年××月"等。

这就是明示了。

平行蒙太奇

花开两朵，各表一枝，平行蒙太奇指在不同空间里、不同人物身上分别发生的故事在同一集中出现。

虽然是在不同空间里、不同人物身上发生的事情，但通过交叉剪辑的方式容易让观众联想到同时性，如在同一时间，你和你的朋友分别做了些什么，虽然你们在不同的空间中，却共享着同一条时间线。

这种对不同人物的分别描写，可以将这些人物身上所发生的故事点聚合，在读者的大脑中汇聚成一条完整的情节线索。

多个角色、多个情节之间互相呼应，多个角色、多个冲突之间互相关联，这就是平行蒙太奇的妙处。

复式蒙太奇

复式蒙太奇指同一内容在不同场景、不同时间反复出现，这种形式的内容一般是很重要的回忆。举例如下。

主角在危急时刻，想起了小时候师父对自己的教导；

主角在高光时刻，想起了小时候师父对自己的教导；

主角在别离时刻，想起了小时候师父对自己的教导。

师父的教导是一样的，但是在不同的境遇、不同的场景重复表现这些内容，其中的意味完全不一样。

除去这种有意义的复式画面，其实，我们小时候大多看过许多无意义的复式画面，比如少儿影片中，每当主人公遇到危险要变身，就会重复播放他变身的画面。虽然第一次、第二次，这种变身给观众一种"酷"的感觉，但后来似乎形成了呆板的套路。这种画面就是重复无意义的画面，很多时候是为了增加时长、减少成本。

作为编剧，要记住，重复出现的画面，每一次出现的时候，都必须有另外一层意思。

漫画脚本的创作要点

和所有的商业故事一样，前期漫画脚本的创作基本上都以"困境"开头，不管是时代的"困境"，还是主角个人的"困境"，要想留下读者，就必须制造一些冲突。

故事的开头影响着读者的去留，如果读者看到前面几幅画面不是他所感兴趣的，那么整部漫画，很可能会很快被他否定。所以，第一话脚本除了需要将观者带入整个故事的世界观，还需要突显"困境"。

一话脚本最少有 30 个镜头，也就是最少 30 格，脚本字数为 1000～2000 字。第一话脚本要描绘出完整的事件，而且融入主角的性格及他目前所遇到的困境，既要给下一话内容埋伏笔，又要有一个完整的事件作为支撑。

05 经典项目案例分析

脚本案例分析

简单的脚本案例如表 2-3 所示。

表 2-3 脚本案例 1

格数	景别	画面内容
1	近景	小明表现出很生气的样子
2	近景	小明看见校门口没有妈妈的影子
3	近景	小明呆呆地站在铁栏杆里面
4	远景	小明回想起自己小时候，那时妈妈每天都会来学校门口接他放学

如表 2-3 所示，脚本中，景别应该有大小切换，这样才能显得

画面松弛有度。能够引起读者注意的，不仅是漫画剧情，还有画面和结构，如果画面和结构做不到吸引眼球，再好的剧情也无法完美呈现出来。

在回忆或者进入下一个场景的时候，我们需要进行转场，以起到过渡的作用。比如，要切换到回忆的画面，该如何区分哪一部分是现实，哪一部分是回忆呢？这时就要用到转场。

除了转场，还有一个区分方法，即给回忆的部分添加特殊的滤镜，如黑白画面、老旧泛黄画面，这些滤镜会让读者自然而然地明白这是回忆的画面。

接下来看如表 2-4 所示的脚本。

表 2-4　脚本案例 2

6	远景	小明在原地站着，看见妈妈和另外一个男人牵手
7	近景	小明很生气，双手攥紧了拳头
8	近景	说：我一定要让这个家破镜重圆

表 2-4 这个脚本的第一个问题是画面描述不清楚，漫画分镜头虽然不需要太详细地描写内容，但是需要写出人物和人物之间的位置关系，以及人物状态，记住，描写一定要是静态的。

第二个问题是搞不清楚景别的区别，近景是人物胸部以上的画面，根本不会出现手部动作，如果非要加入手部动作，可以另起一行，标注特写。

第三个问题是格数 8 中只有台词，没有主人公，更重要的是没有画面内容。

这是许多新手常犯的错误，在描写对话的时候，会写成小说的形式，举例如下。

甲："今天天气不错。"

这个镜头描写给到的信息很少，没有甲的动作，也没有甲说话的语气、神态，画师在拿到这样一个脚本的时候，是非常茫然的。

其他新手常犯的错误有镜头混乱、没有逻辑、情节不连贯等。这些错误让笔者联想到一个神奇的共同点，那就是许多漫画编剧把写小说的习惯带到了分镜头脚本写作中，比如脚本中的台词过于繁杂，没有重点，又如给主人公增加过多的心理描写。

小说跟漫画脚本最本质的区别是小说以文字为基础来输出故事内容，而漫画以画面为基础来输出内容，虽然漫画编剧的工作依旧是在跟文字打交道，但要转换思维，把脚本看作一幅幅画面的说明书，这样才能尽可能多地规避错误。

作为漫画编剧，一定要学会用画面讲故事。

漫画大纲分析

一个基本的漫画大纲，需要包含以下几点内容。

（1）标题：带出作品的特色。

（2）作者：介绍作者的基本情况。

（3）简介：简单明了地说清楚讲了一个什么故事。

（4）风格：给作品打上商业标签。

（5）出场人物：写出主要人物即可。

（6）故事大纲：包括起承转合。

① 起：由什么事情引发的故事。

② 承：这个事情给主角或者其他人物造成了什么困境。

③ 转：这个困境逐渐变大，后被主角或者其他人物解决，过程要曲折、有反转。

④ 合：说明困境的来源，首尾呼应，根据题材结尾。

这是一个非常简单的大纲模板，任何故事套入这个模板，都可以投稿。但是优秀的作品不会仅限于此，我们应该如何在此基础之上进行下一步扩展呢？

最重要的是标题和故事简介。以《江湖赊刀人》为例进行讲解。因为作品题材是悬疑，而且是民间故事向的悬疑，所以读者偏小众，从标题上很难解读"江湖赊刀人"的意思，为了补救，给出故事简介，介绍"赊刀人"这个职业的概念。

江湖赊刀人

借你一把刀，当世上有房无人住，有粮无人食，有衣无人穿，有路无人走之时，我再来取回这把刀。

据传，赊刀人职业兴起于宋朝，原名叫"卜卖"。"刀"指的不是砍刀，而是菜刀、剪刀、镰刀等农用刀具，在兵荒马乱之时，"刀"常用来比作生活必需品。"赊刀人"自称鬼谷子传人，他们身上的刀只赊不卖，而且赊的日期不定，走的时候，他们会留下一句预言，也就是古人讲的谶语，说等这个预言实现之时，就是他们来收钱之日。

写故事简介的目的只有一个：让编辑看懂这是一个什么样的故事。因为成稿前编辑能获取的信息很少，所以通过故事简介来传达故事信息非常重要。

写故事简介时，需要客观，不要用带有情绪的词语或者句子去描写，要让别人快速看懂这是一个什么故事。

上面的例子是一个通用的介绍，接下来补充一下故事的主角，以及作品的特色。

江湖赊刀人

一句话简介：江峰作为一名赊刀人，为了替死去的爷爷收回他赊出去的刀而踏上征程，在收回一把把刀的同时，他发现爷爷之前给借刀人的预言，全部变成了现实……

作品特色：

①民间怪谈大合集。

②离奇的预言变为现实。

③被欲望控制的病态人设。

④民国时代复杂背景。

故事梗概：江峰的爷爷是一名江湖赊刀人，一天，他告诉江峰，在他的柜子里面有一份名单，上面详细记载了借刀人的信息，现在是时候把这些刀收回来了。爷爷年迈，需要找一个接班人，故让江峰去收回剩余的刀。

为了让故事更加有代入感,可以添加一个故事背景,比如故事发生在怎样的世界中,这个世界在某个年份发生了什么重要的事件,这些事情怎样影响了这个世界的走向。写这些内容的目的只有一个:把故事里的世界设定得越详细,读者的代入感越强。

修改后的故事背景如下。

民国时期,军阀混战,民不聊生,不知何时,乡间小道上,突然多出了许多披着蓑衣、挑着一排刀具的赊刀人。他们赊刀不要钱,只会对借刀人做出预言,等这个预言实现,他们就会来收刀。这些预言往往是一些匪夷所思的事情,所以人们在借刀之后,都担心预言成真的这一天到来。如果有一天,你看见一个身披蓑衣、挑着一排刀具的人出现在小巷子里,那就是有灾难要发生了。

除了故事背景,还有详细的故事设定,故事设定不仅能为故事增加真实感和代入感,在故事发展到后期的时候,还能成为参考,防止战斗力、人设等崩坏。

道具设定:餐刀、菜刀、柴刀、剪刀等生活刀具,具体根据借刀人的身份而定。

借刀人类型:赌徒、郎中、木匠、风水先生等。

刀具含义:每把刀代表一个人性欲望或弱点,如菜刀代表吃欲、柴刀代表贪欲、剪刀代表思欲、水果刀代表色欲、砍刀代表邪欲、剔骨刀代表傲慢、锯齿刀代表憎恨等。

除了这个类型,在其他类型的故事中,也可以加入道具设定,如在科幻类型的作品中,可以用现实中的行星来当作道具设定参考。

除此之外,可以对大纲中的力量设定,以及力量来源等进行详细介绍。写清楚力量设定和力量来源,是为了在后期的战斗中,能够有理有据地进行描写,不会突然给主角"开挂";把主角和配角的实力数据化,可以帮助观众利用数据来判断一个人物的实力;设定一个力量来源,如主角体内有某种可以突然爆发的潜力,每到关键时刻就能爆发,可以让故事有更多的看点。

除了基本的人物及力量设定,大纲中还需要增加一系列的人物事件。

增加人物事件不仅可以更好地塑造人物形象,还可以更清晰地梳理单个人物的剧情故事线。

写清楚人物的个性事件,可以制造人物弧光,如某件事使角色的性格发生了变化,细化这些剧情,可以让编剧的后期工作轻松许多,同时能让编剧看清整个故事的发展脉络。

除了主要人物要有详细的设定,配角人物也要设定得十分详细,包括后续的个性事件。后续的个性事件跟其他人物互相关联,可以构成成熟的故事线网络。

故事大纲分卷也很重要,一卷一个地图,一卷分配一个反派,每卷中都有起承转合。这么做可以丰富故事内容,使故事更好看,吸引更多读者。

单元剧

单元剧是一种类似电视剧的表达形式,由若干相对独立的单元构成,每个单元的长度设为一集,每一集自成体系,是一个精美小巧的结构,但与其他各集能紧密联系、环环相扣。

很多人看过的奥特曼系列剧集就是典型的单元剧模式,一集一个故事,一集打一只怪兽,本集剧情对下集剧情不会产生影响,前一集中的怪兽与后一集中的怪兽可以没有关联。

在漫画题材的创作中,也会使用单元剧的形式,比如主角一话收服一个妖怪。单元剧形式的好处是可以用固定的形式或者剧情套路来丰富整个大故事的人物和情节。

如果每一集所出现的人物都具有新奇点,那么就能很快积攒人气、累积粉丝。

06 漫画编剧的职业规划

故事和画面哪一个更加重要?对于漫画编剧来说,许多人将精力集中于画出好看的画面,而忽略故事的重要性。回过头来想想,小时候看经典动漫作品时,你是因为一段剧情而喜欢某个角色的,还是因为漫画中那些好看的画面而喜欢剧情的呢?

不管是电视剧还是漫画,很多人可能记不清楚角色的长相,却清楚地记得其中的"名场面",以及震撼人心的剧情。剧情带来的记忆点,要比画面多一些,在未来的漫画市场中,编剧也会越来越重要。

当下,国内某些经典 IP 的制作团队换了一批又一批,使用的人物模型各有千秋,可是他们依托的故事节点,全部是从原著小说中提取的。

以前,大家没有文字剧情游戏的概念,随着网络的普及,会写故事的人变得越来越受欢迎,比如要制作一个游戏,道具及背景故事都需要编剧撰写。

现在的市场,对于内容的需求非常庞大,甚至已经出现了一个新兴职业:短视频编剧。

我们每天在网络上刷到的大量短视频,背后的制作团队中也有专门的编剧,这种制作团队相当于小剧组,只不过所拍摄的内容只有几分钟或者十几分钟。

对于掌握镜头语言的漫画编剧来说,写短视频脚本是十分轻松的。

另外,近年来还出现了一种新型的社交游戏:剧本杀。剧本杀作者需要写出剧本中每一个人物的单独设定,这与漫画编剧人设塑造的工作有重合,所以漫画编剧写剧本杀剧本也十分容易。

新型的编剧，不再需要固定的工作岗位，他们能满足市面上各种各样的文字内容需求，不管是纯文字形式，还是分镜脚本形式。只要掌握了内容输出的表达技巧，市场上涌现再多新的内容形式，编剧都能灵活自由地完成任务。

这种灵活自由的工作方式，受到了越来越多年轻人的追捧，会写小说、会写漫画剧本的人，面对庞大的市场需求，即便不出门，也能在家工作，而且没有传统公司的束缚，工作效率及工作成就感很高。

更重要的是，作品累积到一定程度，编剧在圈内的名声会越来越大，从而形成自己的笔名IP，拥有一群粉丝，开启正面循环。

不过，如果长期在家工作，可能会面对一系列健康问题，所以笔者建议，若是不能长期坚持写作，可以将写剧本变成自己的副业，在工作或者生活中大量累积素材，反馈在自己的作品中。

生活中有输入，剧本中有输出，这样才是完美的正向循环。

真正能打动人心的剧情，大多是在和别人交流的时候探取到的。长期闭门不出，苦苦创作，还有一个很致命的缺点，那就是闭门造车，容易脱离市场，无法打动观众。所以，创作者可以酌情加入文艺团体，参加团体、协会的采风、聚会活动，和同行交流创作心得，观察不同人群真实的生活场景，保持健康、愉快、向上的心情。

总之，编剧内心的深度和广度才是安身立命的根本，注重积累，才能写出更好的故事。

Chapter 03 第三章

网文写作

> 作者：阿醋，原华夏天空小说网、趣阅小说网女频主编。
> 白云诗，晋江文学城签约作者，代表作《1930来的先生》《缉凶西北荒》。
> 爱丽丝，资深出版人，曾任《花火》杂志编辑，魅丽文化图书主编。作家，发表小说上百万字，代表作《套路爱情》（上海电影节百强IP）等。

01 什么是网文

什么是网文

"网文"是"网络文学"的简称，也被称为"网络小说"。

20世纪90年代初，以金庸、黄易、琼瑶、席绢等人的作品为代表的武侠、玄幻和言情小说风靡。很多读者为了方便追读，自发将这些实体书扫描上传到网络平台，共享读书。

在那个还没有正规小说网站的年代，很多喜欢阅读此类小说的读者因此被激发创作欲望，开始将自己创作的小说发表在网络平台，从而形成了网络小说的第一个特性：连载性。

作者借助网络平台发表作品，更新剧情；读者在网络平台追看更新，发表评论。由此形成了网络小说的第二个特性：互动性。

如开头所述，网文，最开始是大家追读在当时很流行的武侠小说、玄幻小说和言情小说，这类小说具备一个共性，也就是网络小说的第三个特性：娱乐性。

娱乐性，是网文的核心。

大部分武侠小说讲的是主角如何成为一个惩奸除恶、为人敬仰、武功高绝的大侠；

大部分玄幻小说讲的是一个平凡人如何通过一场奇遇，获得特殊的能力，活出不平凡的人生；

大部分言情小说讲的是女主和一个完美、优质的男人邂逅，或一见钟情，或日久生情，谈情说爱后结婚生子。

网文少有压抑沉郁的基调，无论它的主题是家国情怀、快意恩仇，还是权谋争斗、恋爱情缘，最终呈现的内容往往是满足读者内心幻想的另一种快意人生。

而读者也乐于为从书中获得的快感和满足感付费。

所以，"网文"可以简单定义为首发于网络平台，具备连载性和与读者之间的超强互动性，娱乐性、商业性较强的作品。网文能满足读者的幻想，是读者会在闲暇时间为了放松心情而选择的一种娱乐产物。

网文发展至今，已衍生出丰富的种类、题材。

主打女性向内容的女频网文，细分的类型主要有古代言情、现代言情、玄幻言情、仙侠奇缘、科幻空间、耽美纯爱等；主打男性向内容的男频网文，细分的类型主要有玄幻、都市、悬疑、科幻、武侠、军事、历史、体育等。网文创作的可发挥空间非常大。

网文的收入来源

网文的基础收入构成如下。

（1）付费章节订阅稿酬：一般而言，PC端（电脑端）为

0.15～0.3元/千字，App端为0.5～0.8元/千字。

（2）网站福利扶持：为鼓励网文作者的创作，大部分小说网站推出了相关的福利扶持，常见的扶持奖励包括新书签约奖、全勤更新奖、完结奖、千字保底等。各个小说网站的福利政策互不相同，对作者而言，选择项很多，总有合适自己的那一个。

（3）读者的道具打赏：为了鼓励作者的创作及表示读者对作品的肯定，部分小说网站和平台渠道会开通道具打赏功能。道具打赏在与平台分成后，会成为作者的收入。

（4）流量变现：近两年，免费阅读盛行，番茄小说、米读小说、七猫小说都主打免费小说。免费小说主要靠在内容中插入广告为作者和平台带来收益，读者浏览一个广告，往往能为作者和平台带去几分钱的收益。广告浏览次数越多，作品为作者和平台带去的收益就越高。

除了以上基础收入，写网文还可以额外获得哪些收入呢？

现在属于大IP时代。这几年，通过网文孵化的项目非常广泛，覆盖了各领域，如小说影视化（改编为电视剧、网剧、电影、短剧）、动漫化（改编为动漫、漫画）、游戏化（改编为网游、页游、手游、桌游）、有声书……每改编一次，作者都能获得相应的版权收益，但前提是作者与创作平台签署的是非买断制合约。

可以说，网文能变现的渠道和可能性在当前这个时代非常多，发展潜力很大。

网文的三大特质

创作网文之前，要明确网文的特质是什么。

了解网文的特质，能明确自己的写作方向。

经受了近三十年市场的检验，在一轮轮优胜劣汰之后，最终形成的网文的特质，主要有以下三个方面。

特质一：满足幻想

网文的本质是满足读者的欲望或精神需求。读者将在现实生活中难以实现的愿望或幻想代入网文中主角的身上，从而获得满足感。

那么，什么样的内容能满足读者在阅读时的欲望和精神需求呢？

我们可以把欲望定义为提出问题/确定目标，把精神需求定义为解决问题/达成目标。

其实，人们在现实中的欲望大多是重合的，比如追求财富、实力、地位、名望、美貌、天赋、健康、爱情、亲情、事业……

那么，小说就是从"提出问题/确定目标"到"解决问题/达成目标"来设置故事的发展。

举例如下。

假设你在现实生活中的学习成绩不好，经常被迫和优秀的人进行比较，自信心备受打击，而你的欲望是一夜之间成为一个极具天赋的学习小天才，完成从学渣到学霸的逆袭，让那些看不起你的亲戚、嘲笑你的同学大为震惊，且为之前贬低你的行为感到后悔。

将这种幻想转化成网文的形式，内容如下。

主角（可以是男主，也可以是女主）是修炼废材，在家族中一直被无视、冷落。家中还有一个很有修炼天赋的表哥/表姐。同样生活在一个家族中，主角无人问津，而表哥/表姐则众星捧月，主角因此天天遭人嘲弄，连他/她的未婚妻/未婚夫也因为无法忍受主角的无能而上门退婚，主角一时成为全城笑柄。就在退婚当日，主角因遭奇耻大辱而大受刺激，沉寂了十八年的修炼天赋一夜觉醒，完成了惊艳的逆袭，让未婚妻/未婚夫后悔不已……

再举一个例子。

假设你是一个平平无奇的女孩，而你所暗恋的男孩优秀出色，难以接触。你希望在某天的某个时刻，男孩能注意到你，并对你产生同样的好感。

将这个"核心梗"转化成网文的形式，内容如下。

女主特别喜欢娱乐圈的某个"顶流"偶像，是他的"铁粉"，一天，她一觉睡醒，发现自己"魂穿"到偶像的经纪人身上，开启了近水楼台先得月的相处之路……

网文的呈现形式多样且多元，但"核心梗"是不变的。只要抓住网文核心特质，就可以写出不同形式的网文。

特质二：有代入感

代入感指读者将自己代入某个人物角色，和这个角色产生共鸣，从而产生一种身临其境的感觉。正常情况下，读者会直接将自己代入为主角。

代入感对读者的情绪影响很大。

有代入感，读者就会感觉自己是主角，对小说中发生在主角身上的一切事情产生共鸣，因为主角的喜而喜，悲而悲。

没有代入感，就算作者觉得自己把剧情写得很精彩，读者也难以产生共鸣，他们的情绪没办法依附在主角身上进行发泄，就会放弃这本书，也就是常说的"弃文"。

能否获得代入感，取决于主角设定是否会让读者产生很强的距离感，比如种族、身份、行为、思想。举个例子，读者是一个亚洲人，就较难代入一个黑人主角或白人主角；读者是一个具有正能量、正确价值观的人，就很难对一个三观不正的主角产生共情。

想要塑造让读者产生代入感的主角，最好主角设定能够契合大部分读者群体，或是读者所向往的样子。

一般，只要网文中的主角性格讨喜，行为符合主流价值观，身份上不会让人产生很强的距离感，读者就比较容易产生代入感。

特质三：有"金手指"

在网文中，"金手指"指主人公掌握的独一无二的优势，它可以是一本武功秘籍、一个独门绝技等。每当主角遇到困难，"金手指"都会帮主角解决问题，它的存在可以让主角在短时间内快速取得的成功显得不那么突兀，适合快节奏的小说。

女频网文的"金手指"往往服务两个方向：一是事业线，二是感情线。

女频网文中的"金手指"，在重生、穿越（含魂穿、身穿、快穿、穿书）、种田等题材中比较常见。

重生文中，步入中年的女主带着记忆重返学生时期，具备"未卜先知"的能力，提早做出种种对自己有利的准备，这是服务于事业线的"金手指"。

穿书文中，女主魂穿到原著小说中的"恶毒女配"身上，知道恶毒女配因为嫌贫爱富，抛弃了初期是个穷小子的男主，选择和富二代在一起。后男主通过创业成为公司总裁，而富二代因为赌博欠债将女配害死。女主为了改变自己在原书中的结局，尝试与原著男主缓和关系，从而触发更多与男主相关的互动情节，这是服务于感情线的"金手指"。

创作者可以结合这样的两条线，设置"金手指"的具体功能及给主角带来的事业或感情上的好处或帮助。

在这里，笔者给各位读者布置一个"课后作业"，即根据网文三大特质，设定一个小说框架，要包括如下内容。

（1）主角的人设：性格、年龄、性别、身份背景、经历、特长（技能）。

（2）主角的目标是什么？遭遇的困境是什么？主角如何达成目标？

（3）解决问题/达成目标后，主角有什么收获或者得到了什么好处？反派得到了什么结果？

（4）主角的"金手指"是什么？能给主角带来什么样的帮助（事业/感情）？

02 如何找准写作风格定位

影响作者写作风格的因素,主要有投稿网站风格、自身擅长的题材两种。

明确投稿网站

作者在写作新书前,第一件事是明确自己想要投稿的小说平台。有针对性地投稿,能让作者的过稿率更高,作品受该站读者认可的概率更大。

盲目投稿,可能会导致好作品被埋没,甚至导致作者质疑自己的写作能力,进而失去写作信心。曾经,一位擅长创新的作者在主打"无线风"快节奏的创世中文网发表作品后,数据十分惨淡,在编辑的建议下,该作者到起点中文网发表作品,迅速获得了非常好的成绩。

了解投稿网站流行基调

要怎么做,才知道自己投稿的平台是否和自己的作品风格匹配呢?

想要了解一个平台的主流风格是什么，最简单的方式是去查看榜单。小说平台的热销榜单上，上榜的作品大部分会直接反映该平台读者的喜好，可以看出读者愿意追读且为之付费的是什么样的故事。它能更好地帮助你判断自己的作品风格是否契合该平台的基调，同时能帮助你判断想要入驻该平台，给编辑投稿什么题材、故事风格的内容更容易通过审核。

对投稿网站的流行品类和题材进行归纳

对投稿网站的流行品类和题材进行归纳，能更好地帮助作者完成新书的选题确定和细节设定。对于想通过写网文获得收入的作者而言，这一步非常关键。

比如，通过上榜作品的书名，可以看到掌阅小说网的榜单上，重生、年代、空间、神医等设定出现的频率非常高，这就意味着这类题材或设定对掌阅的读者有强烈的吸引力。

因此，当写作毫无头绪和想法的时候，不妨围绕热门题材和设定确定写作方向，从而吸引更多的读者。

审视自身写作风格，确定选题方向

为了方便大家快速找到适合自己的风格定位，笔者列举如下三个案例。

案例1：小A擅长写古代言情小说，有多年古言文写作经验，但因为榜单上现言职场文占比较大，所以她转写现言职场文，结果作品的成绩远远不如以前。

如作者有明显的阅读喜好，且对某一种题材驾驭得更加得心应手，有写作经验并过往作品小有成就，最好优先选择自己擅长的题材，精益求精，避免跟风。

案例2：小B是纯新人作者，从没写过小说。第一次写网文，她写了一位公主在家国灭亡后流落江湖的故事。结果新书发表后无人问津，因为她不知道这类题材早在很多年以前就被淘汰了。

如作者是新人，从没写过小说，也不知道自己擅长写什么，想出成绩就要优先选择当前小说市场上读者喜闻乐见的题材，多多研究各大小说平台的热门榜单。

案例3：小C写了多年的现代言情小说，始终数据平平，作品无人问津，高不成低不就。在编辑的建议下，她尝试了快穿题材，新书发表首月，数据爆发；作品上架当天，她就获得了一笔比以往几年稿酬加起来还要高的稿费收入。

如作者写过至少三四部同品类的小说，这三四部小说没有任何成绩，则可以换新的题材尝试，可能会发现新天地。

补充一种特殊情况——如果一位网文作者擅长写的题材是小众、冷门的类型，且不想迎合网站热门品类和题材，该怎么办？

假设这个作者想写篇幅为二三十万字的古代耽美悬疑小说，如果发表在阅文旗下网站、掌阅小说网、晋江文学城这几个小说平台，都可能无人问津，但换个网站，投稿给流行短篇、中长篇作品且古代耽美题材不是特别冷门的长佩文学，故事写得精彩，就有可能出成绩。

根据以上内容，大家可以确定自己的定位，找准自己的选题方向。

03 如何写长篇小说的大纲

现在的长篇小说投稿，无论是网文还是图书出版，都不用写完再投，一般投稿大纲加两万到三万字的样章，编辑就可以审核，决定这本小说能不能签约。所以，确定自己要在哪个网站写、写什么内容之后，就可以着手写小说大纲。

接下来介绍如何写长篇小说的大纲。

确定风格和受众

第一步，作者要确定小说的风格。就像电视剧分为家庭伦理剧、青春偶像剧、历史剧、言情剧、悬疑剧、科幻剧等一样，长篇小说在动笔之前，要确定主要基调，是"悬疑推理""喜剧甜宠"，还是"职场都市"。如果要写青春偶像题材的小说,就尽量少写或者根本不要写婆媳关系这种家长里短的内容,不然看起来会很混乱。

不同的风格适合不同的平台,有不同的受众,所以,确定小说风格和选择平台是相辅相成的。例如,潇湘书院以古风言情小说见长,很多读者对古言小说有偏好;晋江文学城不适合动辄三五百万字、套路重复的大长篇,更适合有创新、小而精的小说;起点小说网是知名的"男频小说天花板",如果一个作者在起点小说网的主站(而非起点女生网)连载女性向小说,几乎不可能得到签约的机会,也几乎不会有多少阅读量。

因此,写大纲的第一步,是给自己的小说打上一个标签,表明小说的风格和主要受众。

确定人设

长篇小说人设一般包括姓名、年龄、身高、性别、外貌、穿衣风格、职业、收入、人物性格、人物背景、情感状态等,人设越详细,人物性格就越鲜明。作者做完详细设计之后,人物在脑海中会立体起来,有助于后续故事的写作。

针对人设,以实例来说明。

女主人设如下。

姓名:路佩佩。

职业:情感咨询师。

年龄：21岁。

外貌特征：小脸，大眼，五官精致，身高160厘米，笑起来有酒窝，安静的时候是个邻家小妹妹，奔放起来是个"人来疯"，和女配"沈好美"长相相似。

性格：活泼开朗，有小聪明，鬼主意很多。

其他设定：A大心理学系大四学生，专业研究方向是恋爱心理学，毕业后成为情感咨询师。前男友遍及十二星座，没有一次修成正果。从最近一次失恋中走出来的她，常在微博发表情感言论，分享恋爱经验，没想到吸引了很多粉丝，并引起了"破镜重圆情感咨询公司"的注意，高薪聘请她为公司的情感顾问。

情感经历如下。

虽然谈过无数次恋爱，但始终没有真正领悟爱的真谛。当终于遇到了一个自以为是真爱的男人，付出真情却被残忍欺骗后，路佩佩看淡感情，并做起了情感咨询工作，帮助失恋男女走出情感伤痛。

没想到，在帮功夫女星金敏和前男友复合的过程中，路佩佩竟发现，金敏的前男友是自己的初恋男友林栋……

没办法，为了业绩，为了战胜竞争对手，"工作狂"路佩佩硬着头皮，试图帮助金敏与林栋和好。

努力过程中，路佩佩无意间发现，对手公司最近接到的最大一笔订单竟来自林栋，而林栋的需求是挽回初恋女友……

到底谁套路了谁？

又是谁把谁当真？

男主人设如下。

姓名：林栋。

职业：云游旅游网 CEO，刚毕业就创业的年轻创业者。

年龄：22 岁。

外貌特征：英俊，身高 185 厘米，瘦削但有肌肉。

性格：表面看有些大男子主义，总是习惯性板着脸，实际上性格有些别扭，甚至偶尔幼稚，单纯善良，用情很深。

背景：父亲是大型百货公司 CEO，母亲是脱口秀演员，父母比较开明，支持男主自由恋爱，尤其是母亲，知道儿子有了喜欢的人却追求不到后，想了很多点子帮助男主。

情感经历如下。

学生时期，林栋是一个"两耳不闻窗外事，一心只读圣贤书"的标准学霸，因数次拒绝了路佩佩的朋友的情书，他引起了路佩佩强烈的征服欲，和朋友打赌一定要"拿下"林栋。因学校在寺庙旁边，路佩佩请求僧人帮忙，拉住林栋告诉他："这辈子命中注定要娶的老婆就是路佩佩。"

虽然林栋看不惯路佩佩，但当僧人算出的其他几件事都在路佩佩的预谋下应验之后，林栋觉得路佩佩很有意思，决定"委屈"自己，接受路佩佩的追求。

但让林栋没想到的是，路佩佩没过多久就向他提出分手。

大学毕业后，林栋成了云游旅游网 CEO，而主业是情感咨询师的路佩佩，为了帮助功夫女星金敏挽回林栋，进入林栋的公司成了新员工。路佩佩不知道,林栋当年和金敏在一起,并不是因为有感情基础,而是因为不好意思拒绝。

两人再次相逢,林栋从一开始因当年自己被甩而刁难路佩佩,到后来终于明白路佩佩才是自己真心所爱,开始勇敢追求。

这是一个围绕"情感咨询师"职业展开的故事,根据人设,整个故事的开端和冲突已有端倪,比如,女主是个"前男友谈遍十二星座,没有一次修成正果"的恋爱经验十分丰富的情感专家,男主是个只谈过两次恋爱的恋爱"小白",且两次恋爱都不是自发的,很不懂爱。

白纸一样的男主和狐狸似的女主,在人物设定上就有足够的反差,可以延展出很多矛盾、冲突。

画重点,设置有反差的人物,可以增加故事性。

人设新很重要,那么,如何设计出特别的人设呢?

一个很简单的方法是给主角设置一个比较特殊的职业。

下面,笔者列举一些从网络上收集到的、适合用来写小说的特殊人设,并分析使用这些人设,可以写什么方向的故事。

新颖人设一:极光守护者。

工作内容:静静等着极光到来,极光到来时拿起喇叭喊醒身边熟睡的游客。

优点:适合浪漫的青春偶像剧,毕竟和喜欢的人一起看极光,本身就是一个浪漫的设定。

缺点：工作内容比较单调，无法围绕这个工作本身写出曲折的情节；极光都在国外，如果考虑影视改编，会增加拍摄成本。建议写的时候多写一些这个角色在国内发生的事，比如，女主从小的梦想就是做极光守护者，但是一直没有实现，为了这个梦想，她做了很多让人啼笑皆非的事。可以在最后一集写女主终于去了冰岛或者俄罗斯，看到了极光，这样，拍摄真正的极光只需要一幕，大大节约了拍摄成本。

新颖人设二：大堡礁守护者。

工作内容：与守护极光类似，工作是保护大堡礁（世界上最大的珊瑚礁系统）的生态环境不受破坏，与这些工作类似的，还有在海岛上防止椰子掉落的椰子守护者。

优点：可以写男主和女主一个是海洋生物学家，一个是大堡礁守护者，因为工作产生交集，进而生发故事。这种题材浪漫、清新，还可以植入环保等正能量元素。故事发生场景可以是超豪华的海景房，早上一睁眼便能目睹窗外的大海与骄阳。潜水、喂鱼、冲浪、划船……简直是偶像剧标配场景。

缺点：对相关知识要求较高，作者必须有一定的知识储备。

新颖人设三：狗粮品鉴师。

工作内容：调配优质的狗粮，并进行试吃。作为狗粮品鉴师，不仅要去掉狗粮中狗狗不喜欢的味道，还要确保每种成分都完美搭配，营养均衡。

缺点：不太适合塑造高冷男主或者高冷女主，适合轻快的文风，可以加入萌宠元素。

新颖人设四：食物摆拍员。

工作内容：给食物摆造型、调光线，并用技术手段修图，让食物呈现出最完美的状态。

优点：可以与摄影结合，女主或男主可以是美食爱好者＋职业摄影师，这样设定，故事会生动很多。

上面列举的是现在比较新颖的，也适合影视化的职业，还有新颖但专业性较强的职业，比如 3D 打印、智能投资、芯片制造、半导体产业等，这些题材专业性强，没有相关的专业知识写不出来，所以写之前要做大量准备工作，查阅大量资料之后再动笔。

架构人物关系

有了人设之后，需要在人设之间架构关系。作者可以找一张白纸，将小说中所有的主要人物都写出来，用箭头标注他们之间的关系，父女、情侣、仇人、暗恋、单恋、初恋、背叛……所有关系都连接起来，整个故事的初步框架就有了。

有了人设但是架构不出人物关系时，可以思考每个人物的性格及目的。目的决定了每个人物在故事发展中会做什么事，性格决定他（她）会用什么样的方式去做这些事。这样设计出来的情节，能够更加自然而然、合情合理地推动故事发展，让读者有代入感，认为他（她）这个人就是这样的，就是会做这样的事。

有了情节，人物与人物之间自然有了交织和关系。

提炼一句话大纲

什么是一个好的大纲？要看能不能用一句话或者一小段话，简明扼要地讲出这个故事。比如琼瑶的作品《婉君》，一句话大纲就是一个女孩被三个兄弟喜欢，三个兄弟为了抢夺她发生的故事。虽然这个故事现在来看有些庸俗，但是一句话就能概括其中的波澜起伏，它在情节设置上是成功的。

小说平台的编辑要审阅的稿子很多，主要看的就是一句话大纲，这决定了他们要不要继续看你的故事。

一句话大纲，要包括故事人设、最核心的故事梗和冲突点。

核心梗也被称为文章主线，围绕文章主线，可以设计情节架构，一般按照"起""转""承""合"几点去设计。

有了文章主线后，需要完成一个2000～3000字的详细一点的大纲，这个大纲就是整个文章的骨架。

写作的时候，想让文章更加生动有趣，还需要在"骨架"的基础上运用优美的文笔添加跌宕情节，给文章覆上更加吸引人的"皮毛"。

04 | 能让小说点击量暴增的书名与简介怎么写？

小说的书名和简介就像一个人的脸蛋和身材，在内容还未为人所知时，"外观"会极大地影响人的第一印象。

一个出彩的书名和简介，有可能让作品在茫茫书海中脱颖而出。

好的书名和简介要做到以下两点。

第一点，要能突出亮点，吸引读者。书名和简介给读者的第一印象越好，读者期待感就越强，冲动阅读感随之越强。

第二点，要能展现作品内容，便于读者筛选。读者通过书名和简介，能知道自己将要看一个什么样的故事，快速判断是不是自己喜欢看的内容，从而轻松筛出自己喜欢看的作品。

书名与简介的标准

好的书名，核心点是能突出作品主题、剧情梗概、内容特点、品类风格，让读者能以此分辨作品是男频文还是女频文，是现代文还是古代文，是走正剧风还是走轻快欢脱风。

此外，书名简单好记，同样能吸引读者。

要做到以上几点，可以采用组合的方式。

通过抓取作品的人物设定、题材风格、世界背景、故事主题、

"金手指"等元素，组合简单、易懂、有亮点的书名。

比如，《法医狂妃》这个书名是"人物身份设定 + 人物性格标签"组合而成的，读者通过书名可以判断这是一本古言文，女主的职业是法医，身份是王妃或皇妃，性格非常张狂。

又如，《穿越后，太后火爆了娱乐圈》这个书名是"故事主题 + 人物设定 + 世界背景 + 题材风格"组合而成的，读者通过书名可以判断这是一本主角从古代穿越到现代的小说，背景设定在现代娱乐圈，女主作为古代太后，穿越后在娱乐圈走红了，通过书名判断，应该是一本轻松欢快的书。

好的简介，是用简短精练的语言概括整个作品的故事设定，并突出作品的特色卖点。

常见的简介设定方法有如下两种。

第一种，履历型简介。

履历型简介的特点是把主角的人生经历、身份背景、性格等都交代清楚，相当于一个浓缩剧情。要写好履历型简介，可以套用"主角设定 + 主角人生转折点前后经历 +Flag 吆喝 / 悬念点"这个公式。

履历型简介示例如下。

（主角设定）她，现代隐门门主，集各家所长的变态鬼才，精医毒，擅暗杀，世人眼中的"妖物"。

（人生转折点前）因一次意外身亡，重生在一个被毁容的少女身上。容颜被毁？身份被取代？回归家族遥遥无期？

（Flag 吆喝）身份可以不要，家族可以不回，但之前害她之人，她若不整得他们鸡飞狗跳，如何对得起她"妖物"之名？

（人生转折点后）一朝风云骤起，群雄争霸，且看她如何一袭红衣走天下，剑挑群雄震苍穹，名扬四海惊天地！

看到这样的简介，读者对于作品主要内容是什么，大概就有所了解了。

第二种，互动型简介。

互动型简介的特点是能一句话概括剧情亮点，重点放在人物与人物之间的对话互动上，有一种小剧场的感觉。互动型简介，可以套用"主角设定交代+人物与人物互动对话"这个公式。

互动型简介示例如下。

（主角设定交代）【娱乐圈头条】震惊！新生代女歌手与电竞圈内人恋情曝光！

（互动，体现主角又飒又毒舌的性格）看到微博消息，躺在沈白怀里的程一卿惊坐而起，点开内容后又松了口气。

"新生代女歌手程一卿被拍与电竞选手蝴蝶同进出酒店。"程一卿念道。

闭眼休息的沈白皱了下眉，慢慢睁开眼睛，用下巴抵住程一卿的额头，语气淡定中透露出一丝酸楚："记者看谁都是在跟你谈恋爱，怎么就跟我没有？"

"或许觉得你活该单身……"程一卿回想沈白的言行举止，缩了缩脖子，幽幽说道。

通过这个互动型简介，读者可以知道这本书的女主是新生代女歌手，和男主的互动又厌又毒舌。喜欢这类主角的读者，还没看正文内容就可能心生好感。小剧场式的互动，会让作者的特色和风格体现得更直观且生动。

05 开篇怎么写才能吸引读者，提高留存率？

开篇的重要性

小说开篇直接关乎读者对作品初印象的好坏与去留，影响编辑决定是否选择签约。

现在，网文数量多，读者的时间和精力都有限，注定只能选择少数作品阅读。因此，如果小说的开篇无法做到第一时间留住读者，读者大概率不会花大量时间继续阅读。

同样，开篇对编辑而言也非常重要，编辑要根据开篇判断作者讲故事的能力；判断作者写作是否有条理性；判断作者是否了解读者的需求；判断作者的写作态度。如果其中有任何一项不符合标准，编辑很可能不会与作者签约。

四种常见的开篇切入法

当前网文市场上流行的爆款书与热销书,经常使用以下四种开篇切入法,达到快速吸引读者眼球的效果。

第一类,绝境式开篇。

定义:开篇便将主角放在困境/绝境中,给主角强烈的压迫感,让主角必须迅速解决问题。

参考范文:《重生后我嫁给了渣男的死对头》《穿成短命白月光后,和反派 HE 了》。

第二类,悬念式开篇。

定义:开篇给主角一个迫在眉睫、急需解决的悬念,这个悬念要与主角自身存亡/身世/职业相关(如主角职业是法医,第一章便出现命案,悬念是"凶手是谁";如主角一觉醒来,发现自己身处一个陌生环境,和一群互不相识的人一起听到广播中在宣布逃杀游戏规则,悬念是"这是哪里?为什么我会出现在这里"),通过"悬念点",调动读者的期待与紧张感。

参考范文:《法医狂妃》《全球高考》。

第三类,矛盾冲突式开篇。

定义:切入点是尖锐的互动对手戏,给主角强烈的压迫感,让读者期待主角后期如何反击。

参考范文:《农女福妃名动天下》《许你万丈光芒好》。

第四类，暧昧交互式开篇。

定义：以男女主亲密互动为切入点，制造血脉偾张的氛围感，诱发读者的幻想欲。

参考范文：《天才三宝：神秘爹地是大佬》《一品毒妃》。

大家可以自行阅读以上范文的开篇，结合本书讲解的内容进行理解。

开篇写作的三个重要核心点

构思故事前，作者需要确定自己想写一个什么样的故事。同理，在开篇中，作者需要让读者明白你要写一个什么样的故事。

核心点一：开篇需抛出故事的主题主线。

抛出故事的主题主线，一是可以让喜欢看这类题材的读者知道这本小说要写一个什么样的故事，让读者更快捷地判断这个故事是否符合自己的阅读需求；二是可以让读者知道主角接下来要去完成的目标是什么（即故事主线），从而触发读者对后文主角完成这个目标的期待。

不要让读者看完开篇后发现不知所云，无法抓到重点。

先举一个例子，对开篇剧情进行梳理。

红衣少女坐在妆台前。

一头柔软的长发整整齐齐地绾起，头上是金灿灿的凤凰头面，凤凰嘴里衔了只珍珠，垂在光洁的额头。

第三章 网文写作

支起来的鬓上还斜簪了一朵大红色的山茶。花瓣边缘有些干枯，不是园子里新摘的，是下午急匆匆从瓶中插花中掐下来的一朵。

园子里已经没有花了——夜色如墨倾洒，轰隆隆的雷声仿佛野兽的咆哮，电闪雷鸣，大雨倾盆，哗啦啦的声响犹如万马奔腾，不用想也知道，那些没有荫蔽的花朵，已经让雨打成了一地残红。

瘦得骨节突出的手指抚摸枯萎的花瓣。她想着，不管再仓促，总要喜庆一些的。

镜中人微微笑了：今天是我的大喜之日啊。

笑容蔓延，那张苍白的脸陡然僵住，在一瞬间宛如变成一张毫无生气的面具。下一刻，脸上的肌肉开始有了细微的活动——笑容慢慢隐没下去。

痴痴的眸中泛出好奇和冷静的光。

凌妙妙斜坐着，仔细地打量镜中人的容颜：苍白的一张脸，细长的眉，杏眼，薄唇，再就是又尖又细的下巴。

是个小家碧玉的长相。倘若这双水灵的眼睛瞳距再近一些，还有可能拼一把，做个双目能放电的狐媚美人，走走祸国殃民路线，只可惜凌虞的瞳距略微宽，给人温和又没有攻击性的错觉，眼瞪成斗鸡眼，也是楚楚可怜那一挂。

凌妙妙长叹：没女主命就是没女主命，从面相上都看得出来。

她抚摸自己瘦削的下巴，微皱眉头。

凌虞太瘦了，瘦得让人难受。古往今来，大家都信奉丰腴一些的女人更有福气，按照老一辈的迷信说法，这张脸是个薄福短命相。

凌妙妙站起来，大红的嫁衣落在了地上，急匆匆地办婚礼，嫁衣不知道从哪儿借来的，并不合适，用细细的银针别出了腰身，宽大的袖口盖过了手，衣服上的金线刺绣缩在褶皱里，看不清细节。

凌虞瘦得像豆苗，含胸低头惯了，肩膀前倾，看起来有点畏畏缩缩。

妙妙用力把背挺直了，斜眼看镜子，看到了一张蹙眉不耐烦的脸，吓得立即舒展了眉头——可能是她对凌虞先入为主的不良印象，连带这副躯壳也被她嫌弃，这实在是不该。

这个年代，人们在平行世界的穿梭已成常事，任何生活中的偶然，都有可能触发一次多维空间的旅行。

凌妙妙之所以进入了少女"凌虞"的身体，大半夜穿着嫁衣站在这里，都怪她在半夜义愤填膺地写了一篇书评：

这本书正是狗血言情女王浮舟号称"十年归来，华丽转身"的转型玄幻大作《捉妖》。

年少无知时，凌妙妙曾经被那些生离死别的狗血言情欺骗了不少眼泪，十年之后，为了情怀，熬夜再读浮舟，换来的却是深夜里寝室床上的一声声叹息。

什么转型大作，玄幻捉妖世界的外壳下面，完全还是换汤不换药嘛！喜欢男主的三个女人斗智斗勇，喜欢女主的男配求而不得，男女主角误会重重，一对小鸳鸯在阴谋与算计中你侬我侬，感情线十分"琼瑶"。

凌妙妙为此愤而提笔写书评，写之前，诚恳地挑选了一个有代

第三章　网文写作

表性的角色作切入点——凌虞。

如果说激起读者愤怒也算是成功的话,女三号凌虞应该算是整本书中最成功的一个角色了。

她坏。

可是坏得不那么典型。她习惯以受害者的姿态,恩将仇报、背后捅刀,还要装出一副楚楚可怜的模样。

这个角色从头到尾阴郁怯懦。爱慕男主却不敢与女主正面竞争,除了变态般意淫着得到男主,就是暗中挑拨离间、暗害女主。

假如反派女二号是骄傲威风的猛虎,她就是阴暗处啃人脚趾的老鼠,或是米桶里监守自盗的蛀虫。

她一边受着主角团的庇护,一边琢磨着如何挖墙脚,像暗处青苔,湿嗒嗒、阴森森又甩不脱。

这种性格让凌妙妙感到生理性厌恶,相比之下,她反倒觉得骄纵任性、坏得光明正大的女二号端阳帝姬可爱得多。

所以,凌妙妙提笔愤而抨击凌虞,称她为"年度最恶心人女配角",下一秒眼睛一睁,就踏入平行时空,穿越进了《捉妖》的世界,变成了她最恶心的凌虞,需要完成系统指派的特殊任务,才能重返现实。

真是讽刺啊。

作为炮灰,凌虞的命运自然好不到哪去,感情之路尤其坎坷。

她一生嫁过两次。第一次,是应邀与她心心念念的男主角柳拂衣做一场成亲的假戏,还没等她陶醉,短暂的梦就破碎了。

第二次，她嫁给了女主慕瑶的弟弟慕声。

凌妙妙没来得及想太多，门被吱呀一声推开了。

丫鬟收了伞站在门口，衣角滴滴答答淌着雨水，她颤抖着声音，活像只小鸡崽："小姐，吉时到了。"

小丫鬟的一张脸铁青，手都在微微发抖，显然是怕到了极点。

妙妙应了一声，急匆匆蘸了点胭脂胡乱抹在唇上，挽着丫鬟湿嗒嗒的袖口往出走。

油纸伞几乎要承受不住这么激烈的雨，雨水汇成一缕，小溪般从伞沿上流下。小丫鬟持伞的手直打战，一颤，那雨水就迸溅一些到妙妙单薄的喜服上，不一会儿肩膀就洇湿了一片。

妙妙有点不高兴，劈手夺过伞柄，大伞稳稳地罩在了丫鬟头上。

沿着曲曲折折的连廊，一路无话，妙妙没话找话："你看见了吗？"

"嗯！"丫鬟紧紧贴在了妙妙身边，带上了哭腔，"小姐，小姐不怕吗……那个……好可怕……"

除了寡妇，没有人会在夜里结婚。就算是寡妇，也不会毅然选择这样雷雨交加的夜晚。

因为这次成亲，是一个局——这应该就是书中略写的，柳拂衣邀请凌虞假扮新娘子的那一次，目的是要引出一只大妖。

慕瑶和柳拂衣是一个月之前落脚太仓的。

太仓郡虽小，但是富得流油，外来人争破头地希望能在此安家落户。

可是上个月起，几对新婚的小夫妻在入洞房前双双失踪，传闻有人看见妖怪出没，流言四起，恐慌瞬间席卷了这座小城。

一时间，太仓郡没人敢再办喜事。

但嫁娶之事乃是寻常，长久废止不是办法。本来不信鬼神的太仓郡郡首凌禄山，挺着大肚子发了三天愁，憋到最后，也扛不住广发告示，开始招揽能人异士。

原书的男主角柳拂衣和女主角慕瑶游历到此，当仁不让地留下为民除害。捉妖的日子里，他们就住在郡守府，也就是原主凌虞的家。

主角团来的第三日，妖怪就主动送上门来。

它缠上了郡守的掌上明珠凌虞。

年方十六的凌虞未许良人，白天正常，夜里却总梳妆打扮，穿上喜服要嫁人，在空无一人的大堂里与空气拜天地，像是中了什么邪。

柳拂衣守在身边，在凌虞"中邪"的瞬间祭出九玄收妖塔，一下子就迫使附在凌虞身上的狐妖现了形。

这狐妖本想附在小姑娘身上吸食精气，却被迫现出原身，面目狰狞，指爪锋利，一声巨啸，就朝手无寸铁的慕瑶扑去。

训练有素的捉妖人慕瑶冷静地与其酣战。柳拂衣在这当口，捞起了地上的受害人凌虞，像个脚踩祥云的大英雄从天而降，将其从幻梦中救了出来。

凌虞躺在他怀里，第一次感受到了心跳加速的滋味。

"吱呀——"门开了条缝。

丫鬟吓得半退两步，妙妙看着她摇摇欲坠的模样，有些不忍心："你下去吧，我自己进去……"

丫鬟倒退一步，虚脱般一屁股坐在了水洼里。

凌妙妙在心里为自己打气，素手推开了门。

柳拂衣长身玉立，正背对她站着。他显然要放松得多，喜服下面还能看得见他常穿的白衣的边角，原来是随便在外面套了一件喜袍。

唉，人家只当这是一场无足轻重的戏，可怜原身为之激动得夜不能寐。

柳拂衣闻声转过身来，果然是眉目如画的一张脸。

原书中写道，柳拂衣身体羸弱，因此身材瘦削，面色总是苍白，但也因此，带上了一丝出尘的仙气。

他温润和蔼，但眉宇间有一股挥之不去的忧郁。

柳拂衣果然如书中描述，又亲和又有神秘感，的确是最招女孩子丢魂的类型。不过她看了柳拂衣两眼也就丧失了兴趣。作者是《捉妖》世界的创世神，她规定了柳拂衣属于慕瑶，不管他待别人再温和，在这个世界里，都不会有任何故事发生。

柳拂衣开口了："妙妙。"

妙妙被吓得一个哆嗦："你叫我什么？"

柳拂衣微皱眉头，有些迟疑："我记得你的小名叫作'妙妙'……"

"哦——"凌妙妙拉长了调子，一点也不高兴凌虞还与自己共用一个名字，"是妙妙，是妙妙没错……你突然这样叫，我没有反应过来。"

柳拂衣微微笑了:"今日你我大喜之日,该叫得亲近些。"

男主角说起情话,令人骨头酥软。

妙妙看着柳拂衣的眼睛,在其中读出了清明的期许。

很好,男主角身先士卒,提醒她做戏要做全套。

"拂衣。"她乖觉地叫了一声,看见柳拂衣眸中闪过欣慰之色,朝她走来。

她心中突然闪过一丝疑云:"等等!"

——《黑莲花攻略手册》

通过这个开篇,读者可以判断出这是一篇穿越文,女主是小说读者,她穿越到一本书中的世界,需要完成特殊任务,才能重回现实世界。

在开篇抛出明确的故事主题和主线后,要关注第二个核心点:完整交代事情的前因后果。

这时我们需要回答如下几个问题。

故事的主角是谁?他/她遇到了什么事情?他/她为什么会遇到这样的事情?他/她要做什么事情?他/她为什么要这样做?他/她遇到的事情对他/她想要实现的目标构成了什么困难?

回顾方才的开篇范文。

女主凌妙妙是一位小说读者,因为写书评批评了一部小说中的女配人设,下一秒就穿越进这部小说中的世界,她要想回到现实世界,就要完成系统指派的特殊任务,现在她为了完成任务,不得在雨夜替嫁，和一个叫柳拂衣的人演一场戏，捉到专门抓新婚夫妻的妖怪。

如此一来，剧情就变得合理。

第三个开篇写作核心点是重点中的重点——立人设。

讲网文特质时，笔者就讲过最重要的"代入感"。

读者对一本小说的代入感，最初往往是基于主角视角，通过将自己代入为主角，跟随主角一起探索小说中的故事情节。

一旦主角的人设让读者觉得有很强的距离感、隔阂感，读者就难以沉浸到故事中。

什么样的人设，能让读者产生超强代入感呢？

可以从以下两个方面考虑。

第一，主角的特殊性。这个特殊性既可以指主角的性格，如主角有异于常人的聪明，或比一般人更加吃苦耐劳、率真可爱、健谈开朗等；也可以指主角的外貌，如主角有异于常人的漂亮外表，气质出众、美艳动人、楚楚可怜等。此外，主角的特殊性还可以体现在她的血统、基因、身世或天赋上，和常人存在较大的差异性。

以古言玄幻文为例，寻常人9岁觉醒灵根，女主一直到12岁都未觉醒，一下子就显得格外特殊。女主之所以久未觉醒，不是因为她是"废材"，而是因为她有神级灵根，觉醒的时间要比平常人长，这正是体现女主独一无二的地方。

主角身上的特殊性如同钩子，会吊起读者的好奇心，去探索主角如此特殊是什么原因造成的。

第二，主角的潜力。我们可以理解为主角具备的特长、技能，该特长、技能使主角一定是某个领域的佼佼者。比如，开篇女主在课堂上睡觉，老师临时让女主站起来背诵课文，女主不仅能倒背如流，甚至还能完整解析连老师都不知道的知识点；又如，开篇急诊室送进来一位病情复杂的病人，资深的医生都束手无策，女主却凭自己的医术成功救治了这名病人；再如，女主具有超常的共情能力，能通过人的微表情、对话过程中的言语和行为动作，判断一个人内心真正的想法，作为一名犯罪心理师，女主在开篇的劫持人质现场帮助警察找出了罪犯的犯罪动机，成功说服罪犯自首，从而让人质成功被解救。

综合以上两点，作者需要在小说的开篇展现主角的独一无二性，从而让读者产生期待。

主角之所以是主角，因为主角与配角之间有明显的差异。

主角的性格越讨喜，或越符合大众的期望、向往，读者的代入感就会越强烈。

如何在正文中打造人设？以下四个切入点可以参考。

（1）事件安排。比如，想写刑侦文的作者，可以在开篇安排案件作为切入点，主角通过现场勘查、细节研究、推出结论等过程，体现过硬的专业技能；古言文的作者则可以在开篇安排女主为报养父母之恩，自愿嫁给病重王爷，为家族带来资源，体现主角知恩图报、重视亲情的性格特点。

（2）外貌描写。帮助读者加深其脑海中角色的具象画面，强化代入感。

（3）言行举止（含人物心理）。这是能直接体现角色性格的内容，比如，一个说话过程中会认真直视对方双眼的人，一定是自信、外向，且懂得尊重对方的人，即便作者不明确交代这个角色性格如何，读者也可以从这个角色的一言一行或心理活动中知道这是一个什么样的人。

（4）配角衬托。比如，配角在见到女主时面露敬畏神色，说明女主具有一定的能力或地位，能够让人见她时产生敬畏心理；又如，写女主出场时，身为第一名媛的女配顿时显得暗淡无光，即便全文未描写女主外貌多么惊艳、气质多么出众，也能让读者感受到女主外表的优越。

以上四种打造人设的方法，不仅针对小说女主，同样适用于小说男主与其他配角。作者想要塑造出什么样性格、形象的角色，都可以通过这四个维度切入。

06 怎么打造高质量人设？

人物的设定概况

做小说人物设定前，可以先将人物粗分为三类：主角、重要配角、次要配角。

在配角人物中，可以接着细分为三类：正面配角、反面配角、中性配角。

明确人物分类后，开始进行人物设定。

人物设定，可以大致分为以下五个板块。

（1）人物基本信息：含姓名、性别、年龄、身份、人生经历（成长背景）。

（2）人物外形：含长相、身形、外貌特征、着装风格、气质。

（3）人物性格特点：含正面性格（性格优点）、负面性格（性格缺点）、记忆特点（喜好、口头禅等）。

（4）人物技能及特长。

（5）人物担当：这类设定常见于竞技类小说或权谋类小说，如智慧担当、武力担当、控场担当等。

配角设定里还有一个"人物定位"，即与主角之间的关系定位。

非重要配角的设定不需要如此齐全，包括人物基本信息、外形、性格特点、技能及特长和人物定位即可。

大家可根据以上信息，逐步完善自己小说中的人物设定。

做人设的注意事项

在写正文前做好人设，能让大家在写作的过程中更加有目的地塑造人物性格、形象，使角色的言行举止符合逻辑，避免出现人设崩塌的问题。

写文前做好人设，有利于高效打造人物的层次感、立体度和丰满度，有利于强化读者的代入感，让读者感受到小说角色也是有血有肉的人，并非单薄扁平的工具人。

写文前省略做人设的步骤，可能导致作者不知道在正文写作时如何刻画人物的一言一行，导致"卡文"。

为了让大家更深刻地体会做人设的重要性，这里讲一个错误案例。

某位作者初设的女主是"软萌元气小女生"，男主是"腹黑毒舌大魔王"，本来想写霸气的毒舌"校霸"，却写成了满口粗话的"街霸"，显然，这是"人设崩坏"的问题。

之所以会出现这样的问题，是因为创建人物后，缺少建立人物性格的逻辑条理。

要拯救这个错误案例，就要先完善人物设定，如下所示。

虽然男主偶尔会说粗话，但他只在面对"恶势力"或者心情特别不好的情况下才会说;虽然男主是"校霸",经常打架,但男主打架的对象都是来敲诈本校无辜学生的"街霸"。

人物设定完整后,再按照人设建立剧情场景,如下所示。

雨天,男主骑着炫酷的哈雷摩托车,带着"小弟"们翘课。结果看到今天生病请假、在买药途中被"街霸"堵在巷口的女主。

女主被"街霸"步步紧逼到角落。

男主看到这一幕,刹车,下车,抽出车上的棒球棍。棒球棍在地上划出刺耳的声响,男主步伐加快,一棍子狠狠砸在那个"街霸"的后背上,怒喝一句:"喂,欺负女生算什么本事……"

这样一来,是不是读者并不会觉得这样的男主缺乏教养,给人一种很差劲的感觉?

按照这样的人设,可深挖的逻辑还有哪些?

比如,男主这种腹黑、毒舌的性格是如何养成的?他为什么会成为一个不爱学习但富有正义感的"校霸"?

而女主,如果设定是家境贫寒、继父酗酒、母亲辛劳工作来养活全家、学习成绩优异的尖子生,但性格偏软,喜欢撒娇、卖萌,看上去会不会有满满的违和感?

为什么会有这样的违和感?

违和感,可以理解为人物的行为举止与其背景经历不符。

"软萌小女生"这样的人设,在校园小甜文中是一个比较受欢迎的人设,但这样的人设适合十指不沾阳春水、被富养、受到全家人的宠爱、不知人间疾苦的富家女孩。

所以，当一个人物的言行举止和其过往经历、身份背景不符合时，一定要慎重处理，以免出现人设崩坏的问题，让读者出戏。

如何完善人设

人物的设定步骤，可以按照第一节的内容逐步完善，分别为人物基本信息、人物外形风格、人物性格特点、人物技能及特长、人物担当。

（1）人物基本信息。

人物基本信息设定示例如表3-1所示。

表 3-1 人物基本信息

基本信息	姓名	叶乔
	性别	女
	年龄	21 岁
	身份	娱乐圈十八线"黑红"女星
	成长经历	

在人物基本信息中，需要格外重视的内容是人物的成长经历、成长背景。

人物的成长经历和成长背景会直接影响人物的性格、做事情的方式，以及做事情的动机等。在设定之初，这一栏可暂时空着，因为它需要作者先明确自己要写一个什么样的主角，再梳理逻辑，进行补充完善。

（2）人物外形风格。

人物外形风格设定示例如表3-2所示。

表 3-2 人物外形风格

外形风格	长相	盛世美颜，多情的桃花眼，优越的鼻子上长着一颗鼻尖痣，让整张脸更显精致。黑色大波浪卷发，白皙的手腕上有一个月牙形的疤痕
	着装风格	华丽
	气质	明艳魅惑，媚而不俗

设置人物外形时，不需要一开始就写得很详细，只需要抓住人物外形的几个关键特征，方便自己记忆即可。

比如，很多读者看到"抹额"这个特征，就会想到《魔道祖师》中的蓝忘机；提起"额间月牙"，就会想到包拯。

有记忆点的外形特征，有利于读者区分角色，并强化人物鲜明的特点，让读者在阅读过程中产生更强的画面感。

（3）人物性格特点。

人物的性格可以分为核心性格、次性格、记忆特点（喜好、口头禅）。

性格可分为"正面性格"和"负面性格"，主角一般以正面性格为核心性格，反派则以负面性格为核心性格。

人物性格特点设定示例如表 3-3 所示。

表 3-3 人物性格特点（正面）

性格特点	核心性格	正面	豪爽外向，热情似火，双商超高，博才多学
		负面缺点	
	次性格	正面	
		负面缺点	
	记忆特点	喜好/习性/口头禅	

豪爽外向、热情似火、双商超绝、博学多才……这些都是正面性格，当一个人物过于完美、无可挑剔时，会容易显得不接地气、没有人情味，给读者太强的距离感，从而难以让读者产生代入感，因此，"次性格"的存在就显得尤为重要，它能与人物的核心性格形成互补。如果核心性格为正面性格，那么次性格就可设定为负面性格，进行平衡，反之亦然。示例如表 3-4 所示。

表 3-4 人物性格特点（负面）

性格特点	核心性格	正面	豪爽外向，热情似火，双商超高，博才多学
		负面缺点	
	次性格	正面	
		负面缺点	爱记仇，挥金如土
	记忆特点	喜好 / 习性 / 口头禅	

设定主角或是正面角色次性格的缺点时须谨记，打造次性格，是为了增强人物多维度的层次感，让人物不至于扁平、单一或过于完美，不变的是要维持正面人物的讨喜感，所以在设置正面人物的缺点时，尽可能是无伤大雅的缺点，让读者能够接受。

主次性格完善之后，如果要增强人物的生动性、灵动性，可以继续增设人物的记忆特点，既可以是人物的喜好，比如喜欢吃甜食、讨厌一切和绿色有关的东西、对花粉过敏，也可以是人物的某个习惯，比如坚持每天早上看国际财经新闻、说谎的时候会不自觉地摸鼻子、朋友圈经常转发学习强国相关内容、左手喜欢抄在裤兜中、有某个口头禅……

这些记忆特点，会让人物更有特色，从而增强读者对人物的印象。

比如，《全职高手》中的主角叶修非常喜欢抽烟，烟瘾非常大；黄少天喜欢在打游戏的时候说话，俗称"嘴炮王者"……这都是人物的标签。

（4）人物技能及特长。

人物技能及特长设定示例如表 3-5 所示。

表 3-5　人物技能特长

技能特长	演技精湛，台词功底极强；写得一手好毛笔字，会画水墨画；有很强的鉴赏能力和审美能力；会做甜品

人物技能及特长设定中需要注意，人物的技能及特长要符合角色的身份、职业和人生经历，不能过于脱离现实。比如，一个自小养尊处优、热爱艺术的画家，会赛车、黑客的技术，会显得十分违和。

但如果人物的职业设定是一名演员，那么该人物为了拍摄古装剧，专门练习毛笔字，学习水墨画，争取在拍摄过程中呈现良好的效果，就不会显得很牵强。

人物的技能及特长设定一定要对剧情起加持和推进的作用。如果设定了人物技能及特长，但并没有在小说中体现和发挥，也不存在实际的剧情推进，那么该设定就属于"无效设定"。

比如，作者设定女主唱功很好，但写的是医生职场文，这个技能就显得鸡肋，换个类别，如果写的是娱乐圈文，设定女主唱功很好，报名参加了一场选秀，一展歌喉，惊艳众人，获得男主赏识，赢得唱片经纪公司的签约，获得一笔酬劳，从而解决了母亲病重住院的医疗费用问题，那么这就属于有效的技能及特长设定。

07 | 怎么丰富剧情，吸引读者？

如今，网文动辄上百万字，想要把一本上百万字的网文写完整，保持每天稳定的更新量，同时保证剧情不平淡、内容不单一，是一件非常消耗脑力和时间的事情。因此，在设计小说初期，应认真构造小说的体系，偶尔，我们可以采用比较讨巧的方法来解决这个问题。

设计小说体系的沙盘法

着手写小说的时候，新手作者总是会有很多问题：人物怎么塑造？剧情推进不下去怎么办？男女主角"发的糖"不够甜怎么办？

这些问题，完全可以放在一个系统的理论里面去讲，那就是构建一个非常简单的小说构造体系——小说沙盘，并在沙盘上画出需要的框架——小说里有几根线？

就像盖房子一样，写小说之前，作者需要搭建一个框架，确定自己想要写一个什么样子的故事，要面向什么样的市场、什么样的读者，当然，还要考虑自己的写作能力能不能驾驭这个框架。

杰出作品的框架是什么样的？归根结底，是初中就学的东西：小说三要素——人物，剧情，环境。

这三个要素是小说的三根线，所有内容都是在这三根线上完成的，各种要素都要投射到"剧情"上，因为商业小说的核心是剧情。

这三个要素，可以换个说法，即人、事、环境，再延展一下，为人和人的关系——感情线；事情和事情的关系——事业线；环境和环境的关系——背景线。

这样看起来是不是清晰多了？所有小说都是这三条线。

一部小说里，写男主角和女主角之间的故事时，要写清他们是怎么认识的、怎么互相产生好感的、因为什么事情吵架、因为什么契机和好、最后是怎么在一起的……这些有关感情的剧情串联起来，就是典型的感情线。

主人公的事业线包括他是做什么工作的、有什么理想和抱负、开局处于什么样的起点、怎样为了自己的目标而奋斗、和什么人产生了竞争或者矛盾、怎样实现了自己的目标等。

背景线，或者说环境线，是指这个小说中的故事发生在什么时期、什么行业、什么样的世界里，背景线不与主人公产生直接联系，但所有感情线和事业线都在背景线的基础上展开。换言之，背景线是小说的世界观。

一个好的小说，三条线是完善的，每条线都有丰满的架构。那么，是不是意味着写小说时，这三条线一定要面面俱到地写呢？笔者可以很明确地回答大家：不是的。

小说里安排几条线，取决于面向的是什么市场、什么读者。

须知我们进行的不是文学创作，而是商业小说写作。商业小说是一种文学变体，文学是为了文艺鉴赏而生的，它的本质目的是创造美、反映真实，而商业小说不是，商业小说是一种消费品、一种娱乐性产品，更倾向于感官刺激。

商业小说的读者有相当一部分连字都认不全，稍微晦涩一点的形容词都难以理解。所以，商业小说通常从诞生之初就是残缺的东西，它把一些元素极端强化，把另一些元素极端弱化。在商业小说的写作里，通常只需要1～2条线。越面向下沉市场的商业小说，需要的线就越少。

下沉市场的极限是围绕着谈恋爱、生孩子、养孩子等感情事件展开的小说，这就是在精准狙击下沉市场的读者，其消费目的很明确：我就是要看谈恋爱，我就只看感情线。那么，小说就只写感情线。

主做事业线的，也有类似的快消作品，如赘婿、兵王、毒神、医仙等题材，里面的感情线有和没有是一样的，人物也不立体，整体思路就是主人公在他的离谱的事业线上大杀四方，打怪剧情也是机械的套路，升级，打怪，再升级，再打怪。

回到正常的商业小说写作范畴，通常情况下，1～2条线就够了——一条事业线为主，辅助一条感情线，或者一条感情线为主，辅助一条事业线，多了，读者消化不了。

创作商业小说，千万不要贪心，尤其是在写作刚起步的情况下，先学会搭简单的框架，具备一定的创作能力之后，再去考虑如何面面俱到——贪多嚼不烂。

经常有很多起步阶段的创作者在做设定的时候很有雄心壮志：先设计一个特别宏大的世界观，再安排群像人物，甚至计划每个人都要着重刻画。一条感情线都不一定能写好的人，偏偏设计了十条八条感情线，而且每个角色都有自己的事业线。创作能力只有一袋水泥，却想盖一座世贸大厦，有可能吗？最后的结果只能是越写越累，直到放弃。

作为新手，只要确定一条主线，以及一条辅线，就足够了。

商业小说写作的双螺旋结构

写小说、安排剧情前，必须先明白的一个基本原则，即一抑一扬的原则，这个原则包括剧情发展的四个环节：开端，发展，高潮，结局。

发展这个环节，最简单的结构是上扬、低谷、上扬、低谷，那么，剧情的发展可以细化成开端、上扬、低谷、上扬、低谷、高潮、结局。

这是一个波浪形的结构，剧情的能量在波浪形的一抑一扬中得以跌宕起伏。

举一个比较简单的例子，言情小说的通俗模板，即男女主人公相识了，这是开端，开端通常会包含上扬或低谷的力量。先说上扬型开端。

男女主人公在初次相识时给了对方特别愉悦的感觉，一见钟情。男主帅，女主美，或者男主英雄救美，或者女主美救英雄，抑或他俩一起经历了一件特别愉快的事情，这是上扬。

男女主在接触的过程中，发现对方跟自己想象的样子不太一样，或者有些彼此不能互相认可的地方，这是低谷。

男女主又共同经历了一些事情，对彼此有了新的认识，心结解开，这又是上扬。

正当两人即将确认关系的时候，新的、影响两人关系的人物出现，两人吵起来了，这又是低谷。

好在中途出现的人物被解决了，又是上扬。读者的兴趣到这里已经被彻底勾起来了，这时候一定要及时写一个大剧情，即整体剧情的高潮，一定要大力上扬，直到结局。

这是一个很俗套的感情线模板，但有群众基础。上扬和低谷可以进行反向安置，低谷型开端也很受欢迎，即所谓的不是冤家不聚头的感情模式。

男女主人公第一次相遇，发生了竞争性事件，或者互相非常看不顺眼，开局就是低谷，男女主都觉得对方是自己最讨厌的人。

然后，发生了一些事情，两人发现彼此的三观居然相合，对对方的看法有了变化，觉得对方没那么讨厌了，这是上扬。

接着，两人因为工作任务等被凑成一组，从不情不愿地相处，到逐渐产生好感。但是当两人的感情积累到一定程度，马上就要告白的时候，突然出现一个破坏他们感情的第三者，这又是一个低谷。

随即，经过一些事情，第三者成为男女主人公爱的试金石，两人终于发现对方是自己最重要的人，剧情上扬达到高潮，直到结局。

在剧情安排上，只要起伏抑扬的波浪线非常清晰，就可以完成对上扬和低谷的剧情的构造。无论怎样设定，始终要遵循这个原则：起之后要有伏，抑之后接着扬。

事业线和感情线，都遵循这个原则。

举一个上扬型开端的事业线模板实例，如果大家有兴趣，可以自己设定一个低谷型开端的事业线故事。

主人公怀着理想，认识了一帮志同道合的好友，修仙也好，创业也好，末世生存也好，总而言之，写了十几章，总共两三万字，剧情里，朋友们聚集起来，摩拳擦掌准备大干一场，这是上扬型开端。

只是，着手实施计划的时候，突然遇到了很大的困难，大家一筹莫展，事业发展陷入低谷。

因为主人公聪明机智、能力超群，或者得到了某些机遇，解决了困难。上扬。

没想到，情况刚好转，主人公遭遇了朋友的背叛，再入低谷。

艰难困苦，玉汝于成，主人公凭借自己过人的能力，获得了巨大的突破，让自己的事业飞速发展起来，再次上扬！

在主人公如日中天的时候，BOSS登场，与主人公展开决战，故事发展到高潮，直到结局。

上扬和低谷反复循环，可以写一部百万字长文。所有情节的原理是一样的，进步、跌倒、进步、跌倒……决战、结局。

分别介绍了感情线和事业线的基本波浪形构造后，把这两条波浪形的线组合在一起，如何安排剧情？

设感情线为 A 线，事业线为 B 线，大多数作品的结构如下所示。

开端——A 线上扬（B 线低谷）——A 线低谷（B 线上扬）——A 线上扬（B 线低谷）——高潮——结局。

A 线上扬时 B 线即进入低谷，反之亦然。

为什么要这样安排？矛盾产生美。上扬中包含低谷，幸福中包含不安，甜蜜中包含忧愁，伤痛中孕育希望……充满矛盾的剧情可以牢牢抓住读者的心，东边不亮西边亮，最后两边一起亮，迎来光明灿烂的大结局。

到这里为止，故事有了初步的形态。接下来要做的，是让它脱离俗套。每个人都是两条胳膊两条腿，两只眼睛一张嘴，但这并不妨碍每个人都有自己的特色。

小说也是这样，框架是有共通点的，但如何写出自己的特色，在于细节描绘。

接下来，讲讲怎么去安排故事的开端、发展、高潮、结局，使波浪线更加丰满。沙盘的格子画好了，接下来要往上面搭积木了。

剧情问题循环法

要让小说的剧情紧凑、不松散，同时跌宕起伏，一定要注意一个原则：不能让主角过得太轻松，以及不能让男女主太过顺利地在一起。

以"事业线"为主的小说，主角的生活过于轻松，小说就很容易写成流水账，若没有任何挑战难度，读者很难以期待的心情去追看后文。

同样，以"感情线"为主的小说，男女主太顺利地在一起，没有任何阻碍与波折，读者会默认这本小说已经圆满了。读者内心得到了满足，就很难再有强烈追读的欲望。

因此，作者可以不断给主角制造障碍，并让主角解决问题。在解决完一个问题之后，立刻抛出新的问题……让主角一路披荆斩棘，如此循环反复。

怎么制造问题和障碍？

可以从三个方面入手：来自生存的问题、来自男女主情感的问题、来自反派的问题。

以"生存"为问题的出发点，可以细分为以下四类。

（1）环境：在恶劣的环境中，让主角努力自救，保证自己的存活。

以末日文为例，开篇设定全球发生气象灾难，丧尸横行，主角需要获取物资，提高自己的实力，保证自己在末世生存下去。

以种田文为例，可以给主角设定家徒四壁的困境，主角必须付出大量的努力，保证自己的温饱。

以玄幻文为例，可以让主角误入凶兽横行的大山密林，迷雾重重,主角必须思考如何脱困,保证自己不被野兽吃掉。

(2)健康:让主角或主角所重视的亲人、好友病魔缠身,治愈疾病成为主角奋斗前行的目标。

(3)钱财:给主角设置迫在眉睫的经济压力,推动主角行动。如主角父亲的公司一夜破产,面临巨额的赔付款,主角要想办法解决债务问题。

(4)权力:给主角施加来自阶级的压迫,促使主角奋起反击。

如宅斗文中,不受宠的女主必须代替受宠的姐妹嫁给处境糟糕的联姻对象。

如权谋文中,因派系争权,主角家族卷入旋涡,惨遭牵连,被连连打压,危在旦夕。

以上几类生存问题可以串联在一起,设计出一波三折的剧情,示例如下。

女主家族一夜破产,父亲遭受刺激,一病不起。女主为了担负父亲的治疗费,并养活家里年幼的弟弟/妹妹,四处投递简历,寻找机会,却遭遇挫折。

直到偶然之中,男主发现女主的才华,女主被男主从水深火热中解救出来。

男主与女主签订契约,支付女主薪资,并给女主父亲提供最好的治疗环境。

女主随同男主前往欧洲参加比赛,没想到飞机在途中遭遇寒流……

在以上片段中，大家可以看到，简短的剧情分别由环境、健康、钱财、权力问题不断穿插循环进行扩充与丰富。

以"男女主情感"为问题的出发点，可以分为两类情况：如何提升对方的好感度、如何消除误会。

（1）如何提升对方的好感度。

在此基础上，分列出两种情况：第一，男主对女主无感；第二，女主对男主无感。

从而衍生剧情：男主如何做能让女主对自己产生好感/女主如何做能让男主对自己产生好感。

带着解决问题的思路进行剧情构思：

以"男主对女主无感"举例：

女主亲自为经常点外卖的男主下厨做饭；

女主在男主生病的时候照顾男主；

女主主动了解男主的过去，并且丝毫不在意男主有缺陷的经历，时常鼓励、安慰男主；

……

以"女主对男主无感"举例：

男主在女主被人诬蔑的时候，找到证据帮女主澄清；

男主在女主被人羞辱的时候，协助女主进行反击；

男主在女主被人刁难的时候，出面解围；

……

在这个过程中，可以以"好感度"为起点，通过不断提升男女主对彼此的好感度，增设剧情事件。

当然，为了让剧情更加跌宕起伏、一波三折，双方的情感发展不能过于顺利，有时需要适当给双方制造一些障碍。

着眼于好感度，修改"男主对女主无感"示例的详细设定如下。

女主亲自为经常点外卖的男主下厨做饭【提升5%好感度】；

女主在男主生病的时候照顾男主【提升20%好感度】；

男主看到女主和其他异性走得很近，对女主产生疏离的情绪【降低10%好感度】；

女主去了解男主的过去，并且丝毫不在意男主有缺陷的经历，时常鼓励、安慰男主【提升30%好感度】；

……

通过对男女主情感"升温"与"降温"的调整，可以把控全文的故事节奏。

（2）如何消除误会。

在此基础上，分列出两种情况：第一，男主对女主有深刻的误解；第二，女主对男主有深刻的误解。

这种设定常见于别后重逢、破镜重圆的题材，剧情构思方式同"提升双方好感度"一样。

先设定男女主之间的误会点，让双方的关系跌至冰点，再逐渐解开双方的误会，降低双方对对方的厌恶值。

以"反派"为误会的制造者，可以分为三类情况：为主角的事业线制造障碍、为主角的家庭线制造障碍、为男女主的感情线制造障碍。

（1）为主角的事业线制造障碍。

这种情况，可使用"抛出问题，解决问题；再抛问题，再进行解决……"的方式推动小说剧情的发展，示例如下。

反派女配在片场和女主对戏，假装被女主推下楼梯。反派女配找人拍照，并买通营销号发布女主在片场恶意伤害女演员的通告【制造障碍】；

女主被反派女配的粉丝和路人"网暴"【遇到问题】；

女主找到拍摄现场的监控录像，还原当天的真实场景，公布事实真相【解决问题】。

（2）为主角的家庭线制造障碍。

同样可使用"抛出问题，解决问题；再抛问题，再进行解决……"的方式推动小说剧情的发展，示例如下。

反派亲戚盗取女主一家的身份信息，并挪用家族资产进行赌博，导致女主家欠下巨额债务【制造障碍】；

追债人上门恐吓女主一家，要求女主在规定时间内偿还赌债【遇到问题】；

女主接拍网剧，申请预支酬金，垫付了赌债【解决问题】。

（3）为男女主的感情线制造障碍。

同样可使用"抛出问题，解决问题；再抛问题，再进行解决……"的方式推动小说剧情的发展，示例如下。

爱慕男主的女配与男主的母亲关系很好，总暗示男主母亲撮合她和男主【制造障碍】；

男主的母亲不允许女主与男主来往【遇到问题】；

男主坚定地选择女主，拒绝母亲安排他与女配约会【解决问题】。

掌握"问题循环法"，大家会发现自己可写的情节非常多。

换地图法

在小说中，除了以事件为剧情单位，还可以以"地图副本"为剧情单位，规划每个地图副本发生的事件。这种方式常用于仙侠文、玄幻文及快穿文。

以电视剧《仙剑奇侠传三》为例，这个电视剧是以寻找五灵珠为主线，通过换地图法来拓展剧情的。

故事以"渝州城"为起点，触发"唐家堡活死人"剧情。

完成渝州城剧情后，主角一行人来到"安宁村"，触发"狐妖杀人"剧情。

完成安宁村剧情后，主角一行人前往"鄢都"取火灵珠……

一环扣一环，主角一行人在一个地图中完成一个剧情后切换至下个地图场景，进而触发新的剧情事件。

在这个过程中，开头和结尾一定要衔接成为完整闭环。剧情并不割裂，而是连贯的。

注意，想要让两个副本的剧情衔接不那么生硬，可以在结束上一个副本剧情时，提早安排下一个副本中的人物出现。

举个例子，主角在 A 市结束了高考剧情后，可以安排 B 市知名大学教授来 A 市接人的剧情，通过这位知名教授，引入下一个地图的剧情，展开主角的大学生活。

作者在搭建故事框架的时候，可以结合"换地图法"和"问题循环法"扩展剧情，在地图副本中，使用"问题循环法"设定事件。

08 正文需要避免的"雷区"和"毒点"

小说的"雷区"，指的是常见的写作陷阱和容易让读者产生疑惑和不满的情况；"毒点"通常指可能引起读者反感、厌烦，甚至愤怒的敏感话题或表述。

本节介绍作者写正文前需规避的写作习惯，从而杜绝踩雷行为，避免因为错误写作导致读者反感或厌弃作品。

写作雷区

写作雷区，可大致分为以下五点。

（1）舍本逐末。

所谓"舍本逐末"指舍弃写作的主要目的，偏离读者根本的看书需求，把更多的笔墨放在了次要要点上。

最常见的有两种情况：过分追求文笔，以及过分看重创新性。

请大家尝试站在小说读者的立场上，思考如下两个问题：

①如果一本小说文笔极其华丽，但剧情平淡如水，你会因为文笔把这本书坚持看完吗？

②如果一本小说的设定新颖，但内容极其差劲，你会因为稀有设定把它看完吗？

绝大多数人的答案是否定的。

所以，文笔和创新到底重不重要？重要。网文讲究文笔吗？讲究。但是网文对于文笔的讲究建立在作者把故事讲清楚、讲精彩的基础上，如果作者有非常好的文笔，可以深化整部小说或使小说具备独特的韵味、风格，那么这是绝对的加分项。

现在，市场上的网文同质化严重，因此创新的设定或故事，会让读者产生耳目一新的感觉，是优势。但是，"创新"也有一个前提，那就是把故事讲好。

实际上，一些新人作者，连故事都还没写明白，就开始追求文笔，追求创新，认为一本小说能不能得到读者的喜爱和认可，是通过文笔和创新来判断的，把心思放在如何升华内容、要求文字叙述的优美感上，不仔细去研究一本小说到底要怎么写好的核心问题，这便属于舍本逐末。

还是一些走入误区的作者，觉得作品亮点在于世界背景、修炼体系设定，一开篇便用大量篇幅介绍自己设定的世界背景有多么新奇，写了整整两个章节，故事还没开始。这种小说是一定会被读者放弃的。

对一些不必要的冗长陈述和介绍，一定要进行删减，先确保剧情是流畅的，事情的前因后果都交代清楚了，再在剧情的推进中或事件的呈现中融入一些加分项。

（2）喧宾夺主。

何谓"喧宾夺主"？即小说中次要人物或次要事件、剧情占用了主要人物或主要事件、剧情的地位。

举个例子，某作者为了渲染反派的恶毒，花费大量笔墨详细描写反派的布局过程，介绍反派与人谈论自己是怎么害死主角的，这些描写占据了三四个章节。其间，写主角被反派谋害，以及主角解决问题的过程，只用了一章。五个章节，反派所占篇幅远多于主角，这就是典型的反派戏份和存在感多过主角，从而"喧宾夺主"的情况，这是绝对不可取的。

在网文中，读者的视角代入的是主角，故事的剧情一定要随着主角的视角去发展，一旦代入视角脱离主角，读者会对小说产生距离感。

配角该有配角的戏份，主角该有主角的戏份。绝对不能让配角的戏份超过主角，否则很容易消磨读者的耐心，劝退读者。

同时，如果小说主线是女主复仇、升级、创业，但作者花大量的笔墨写主角的日常，如逛街、买菜、做饭、看电影、吃火锅，而这些日常又与主线剧情没有丝毫关系；等真正写到主线的复仇、升级,只用一两个章节就草草结束,这会让期待主线剧情的读者乘兴而来,败兴而归。

写作时,作者需要格外注意提前设定细纲或章纲,提醒自己每个章节的重点是什么,避免出现这样的问题。

(3)虎头蛇尾。

所谓"虎头蛇尾",即开头写得特别精彩,但没有做到妥善收尾。

故事要有完整的因果关系,即便是在某个环节中的一个小事件,也应该做到有完整的闭环。

举个例子,作者在事件中写了女主被反派陷害,以致女主被人轻视。女主去报复反派,打了反派一巴掌。

这个事件的安排乍一看好像没什么问题,女主被陷害,打了反派一巴掌,算是复仇了,但读者看完,还是觉得那股憋屈劲儿没散去。

为什么会这个样子呢?

虽然女主打了反派一巴掌,但女主被陷害的点尚未澄清,依旧被他人歧视嘲弄。这就是没有处理好事件闭环。在网文中,反派做坏事,引起读者的厌恶情绪,叫作"拉仇恨",仇恨度越高,主角反击的效果越好,反击成功、让反派自食恶果给读者带来的"爽感"就越多。前文的例子中,反派的"拉仇恨"做得很好,但是之后更重要的反击被弱化了,故事就变成了虎头蛇尾,让读者的情绪无处宣泄,很容易导致读者弃文。

因此,作者在写作的过程中一定要规划好,一个事件从开始到最后,主角和配角分别应该怎么做,不要写着写着就偏离目的。

（4）自我满足。

所谓"自我满足"，即作者沉浸在自己的世界里，写满足自我喜好的故事，完全不考虑市场和普通读者的感受。

网文不是文学产物，它更加偏向于"娱乐性消费产品"。

读者通过付费，在小说的阅读过程中获取快乐，进行负面情绪的释放与宣泄。作者如果要写商业性网文，那么读者才是拥有选择权的人。

当然，如果作者给自己的定位不是为了迎合市场打造商业性作品，或自信自己所创作的内容不需要关注读者需求，能通过自身创作的故事情节和独特的风格获得读者认可，可以跳过这个问题。

花钱看书的读者，必然有自己的需求，而作者想要获得读者的认可，就不能沉浸在自己的世界里，只考虑自己的喜好。

作者认为的好，未必是读者认为的好。一味宣泄自我情感的故事内容，很可能让读者产生强烈的隔阂感。

（5）闭门造车。

所谓"闭门造车"，即长期埋头写自己的东西，对小说市场流行的题材、风格、写法的认知滞留不前，跟不上市场的脚步。

作者A："为什么我写的书没人看？为什么过不了网站的签约审核？"

作者B："为什么我总觉得自己写出来的内容平平无奇，索然乏味？"

作者C："我想不出要写什么东西了怎么办？"

这是笔者在编辑生涯中听到最多的写作失败的作者会问的问题。

这里，笔者要引用阅文集团总编辑的一句话："写书没人看？那你自己看的书多吗？"

创作，需要靠作者丰富的想象力支撑，网文对于作者日更新量的要求是极其苛刻的，一本网文的创作字数，大多是一百万字起步，而作者的灵感不是天天都有。有天赋的作者是少数，大多数作者要通过日积月累的阅读，增加自己的写作"储备"，才能丰富自己的内容、剧情，留住读者。

写得不好，写得艰难，最根本的原因是写作储备太少了。

闭门造车是创作者最忌讳的事情，没有之一。

写文出现逻辑不能自洽的内容、读者无法接受的毒点，都可以通过修改进行补救，但一旦作者连写都写不出来，就失去了作为一名创作者的根本能力。

因此，多看书，尤其是多看榜单上的书很重要，先明确什么样的内容是吸引读者的、吸引读者的内容应该怎么写，再筛选自己能写、会写、擅长写的内容，融入自己的优势进行创作。

写作毒点

写作毒点，可大致分为以下五点。

（1）主角对感情不忠。

此处可分题材进行说明，一种是现言文，另一种是穿越文或重生文。

以主角的交往对象对感情不忠的设定作为开篇虐点，快速引起有同样经历的读者共情，是可以的。

在这个时间节点，读者尚停留在阅读初期，对主角所交往的对象不存在感情代入，因此当主角遭遇背叛时，读者更多的是愤怒，只会想让主角赶快"逆袭"，让伤害主角的人付出代价。

但如果剧情已经发展到中期或后期，安排男主背叛女主或者女主背叛男主，哪怕是被迫、被陷害的也绝对不行。

为什么？

因为，在这个阶段，读者已经代入女主视角（这里以女频文为例），陪着女主经历了很多事情，过程中，男主为女主所做的一切已经建立起读者对这个角色的幻想，简单点说，读者已经觉得自己拥有了一个完美的异性对象。在此处，作者安排"背叛"情节，容易给读者造成阴影，让人难以接受。

现在，女频文的读者大多数对男女主之间的关系要求比较严苛，如有"双洁"（男女主在遇到对方之前没有感情经历）的要求。一旦出现背叛的情节，读者很容易会觉得男主人品不合格，这之后男主再和女主谈恋爱、结婚、发生亲密行为，对读者而言是非常难以接受的。

因此，如果作者一定要在中后期制造男女主之间的误会，最好在制造"背叛误会"那一章的前后做出合理交代，比如，表明男主并不是真的背叛女主，只是和女配逢场作戏，为了从女配那里获取重要情报，两人之间并没有实质性亲密接触，让读者知道男主并没有真的背叛女主。

对于穿越文或重生文而言，女主穿越成为其他人，或重生成为其他人，一定要通过展现自身魅力收获异性的好感，而并非是因为她成为原来身体的主人，才获得异性的好感与爱慕。如此，读者才不会产生"女主成为别人替代品"的感觉。

这种细节上的处理和设定，是很多新人作者常忽视的。

（2）主角受辱。

很多作者喜欢"先抑后扬"，但在"抑"的处理上，不少作者把控不好度，虐过头反而会成为读者难以接受的"毒点"。

比如，作者在开篇为了制造"先抑后扬"的效果，安排女主被凌辱的戏份，将大量笔墨放在女主形象凄惨狼狈的描写上：女主的脸被反派用鞋子狠狠踩在泥地里，使劲碾压，泪水、鼻涕和血水混在一起……

这种写法固然能把虐点展现出来，但同时也会让读者觉得女主太丑、太难堪，从而难以产生代入感。

但是，难道因为这个问题，就不写主角被对手打压的桥段了吗？当然不是。

要怎么写，此处放一个节选片段作为参考。

天淅淅沥沥地下着雨，公主府中最高的阁楼前，跪着一个女子。

女子容颜绝色，只是双目无神，脸色惨白。她的怀中，紧紧抱着一个小小婴儿。婴儿小脸乌青,奄奄一息,似立刻就要咽气了一般。

"云裳公主,回去吧,驸马爷不会见你的。"守在阁楼门口的,是云裳从小到大最信赖的宫女,莲心。

雨落在云裳身上。她咬了咬牙,将身上的披风拉紧了些,以免怀中的孩子被雨淋到。

是从什么时候开始的呢?云裳恍恍惚惚地想着,自己最信任的人竟然一个一个背叛了自己。

许是泪早已流干了,即使心痛到了极致,却也哭不出来。

云裳朝着莲心磕了三个头:"莲心,我们主仆十多年,我待你向来是不错的,如今,我只求你,让我见见驸马,求求他,找个大夫来,给我的孩子看病,我的孩子,也是他的啊。"她的声音有些沙哑,带着深深的疲倦。

"公主,你为难奴婢也是没有用的啊,驸马爷吩咐了,任何人都不能来打扰他。"莲心站在屋檐下,望着雨中的女子,嘴角勾起一抹冷冷的笑。

啧啧,公主呢,也不过如此嘛。

云裳握了握孩子冰凉的小手,心中的恨到了极致,猛地站了起来,朝着莲心撞了过去。事发突然,莲心"啊"一声被撞倒在地,云裳连忙打开阁楼的门,冲了上去。

……

约莫过了一炷香的时间,云裳瞧见桌上的孩子面色越发苍白起来,眼神似乎有些涣散了,心中焦急,眼中流下一行清泪来:"驸马,皇姐，求你们，求你们救救我的孩子，他快要不行了，求你们了！"

"吵吵闹闹，烦不烦啊？"华镜公主猛地转过头对着云裳吼了一声，再次站起身来，走到云裳面前，低下头看了一眼桌上的孩子，"不行了是吧？不行了还带过来干什么？"

华镜说着，便抱起了孩子，打开窗户，猛地扔了出去。

"不！"云裳大惊，震惊地站了起来，却忘了自己双手被束缚在后，刚迈出两步，便摔倒在地。

"孩子，我的孩子！"她顾不得疼痛，撕心裂肺地喊了起来。

有人在一步步走近，云裳抬头。是皇姐，手中正拿着一把剑，剑尖冷冷地指着她的脸："哎呀，今儿个不知道怎么回事，总瞧着皇妹这张如花似玉的脸太过粉嫩，真想划上几刀，看会变成什么样。"

云裳早已经心乱如麻，面对华镜眼中的奚落和嘲讽，几乎不假思索地哀求："只要放了我，皇姐想怎么处置云裳的脸都成，都成。"

云裳的声音已经快要嘶哑。

华镜眯了眯眼，抬起拿着剑的手，让剑尖从云裳的脸上划了过去。云裳只觉得脸上传来火辣辣的疼，心中汹涌的恨意快要将自己淹没，只是，想到自己的孩子，云裳连忙咬紧了牙关，没有发出一丝声音。

——选自《八岁帝女：重生之凤霸天下》

在节选片段中，女主全程为孩子治病而奔波——为给孩子治病，给婢女磕头、答应反派各种无理要求，甚至毁了自己的脸也毫不后悔。

在主角受辱的虐点上，本文作者把笔墨集中在凸显主角坚毅不屈的性格上，从而平衡读者心里因为代入主角被凌辱的视角而感到狼狈不堪的屈辱感，让读者对主角产生的同情感远远大于对这种屈辱感的反感。

（3）强行安排重要的角色死亡。

在早期的网络小说中，作者为了营造悲剧色彩，不仅会让主角经历无数波折，而且会让主角在成功的路上接连失去亲人、爱人、并肩作战的伙伴。

这样的写法，在现在的网文中，很可能会成为读者不可接受的毒点。

当读者已经代入主角视角，沉浸在故事中时，如果作者为了凸显悲剧色彩，强行安排重要角色死亡，读者大概率会觉得自己受到了沉重打击。

主角身边的重要角色可以死亡，但是他的死亡必须是有价值的，是推动故事情节所必要的，而不能单纯为了写悲剧，让角色无辜死亡，尤其是一些高人气的出彩配角，绝对不要轻易死亡。

如果一定要写这种情节，最好有一个挽回的余地，或埋下可挽回的伏笔。

以玄幻文为例，如果要通过主角全家的死亡来激发主角的变强之心，死亡剧情后，可以安排主角通过寻找神药或神器复活家人，可以隐晦点明家人并非真正死亡，也可以设定角色成为植物人，给读者留下期待。

（4）主角性格过于"圣母"。

"圣母"在网络小说中特指一个人盲目且过分善良。

助人为乐、宽容大度、无私奉献的主角人设，如过分强化，在现下的网文中已经不吃香，甚至会成为读者弃文的毒点之一。

比如，主角见人就帮，哪怕对于曾经伤害过自己的反派，也会无条件原谅，会给读者一种主角是非不辨的感觉。

所以，刻画主角讨喜的正面形象的时候，可以写主角善良，但是一定要是非分明、杀伐果断、掌握平衡的技巧。

主角可以见人就帮，但是主角帮忙以后，一定要有正向反馈。比如，主角在帮人之后，对方为了报答主角，送了主角一张入场券，而这张入场券正好可以让主角去看心心念念的展览；又如，主角帮了一个路人，没想到这个路人是一个隐世高人，之后主角遇难，这个高人会出面救下主角。

这样一来，读者对于主角"助人为乐"的情节所能接受的程度会更高。

当然，还有一种处理技巧，建立在主角的特殊身份上。

比如，主角是医生，所以见到受伤的人，救人是顺理成章的事；又如，主角获得了一个系统，可以帮主角变强，但前提是主角需要不断地救人、帮人，通过累计功德值获取报酬。

（5）主角突破道德底线。

以电视剧《燕云台》中的一个情节为例。

女主在逛街途中巧遇男主，对男主的马十分感兴趣，想要男主的马却遭男主拒绝。女主被拒后，故意用石子去击打男主的马，导致马受惊，脱离男主掌控，在路上踩踏了好多老百姓的摊子，并拖行了无辜路人。

设置这个情节的本意是让男女主邂逅，建立两人之间的关联，方便后续男女主接触并展开更深入的互动。但采用的方法实在不讨喜，显得女主既缺乏教养，又自私自利。

这也是为什么在最早做人设时，一再强调要把主角往讨喜的方向塑造，即便是缺点，也应该是无伤大雅、不会对他人造成伤害的缺点。

一个没有道德底线、没有教养、没有正确三观的主角是很难被读者认可的，更别说产生代入感。

有些细节看似不起眼，但稍有不慎，就可能让读者弃文。这也是为什么有些网文的套路和剧情与热销文差不多，但在阅读和订阅数据上和热销文有着天壤之别。

Chapter 04

第四章

短篇小说写作

> 作者:语笑嫣然,本名王琛,发表小说近千万字,自媒体人,小说创作导师,已出版《十二濯香令》《胭脂将》等二十余部作品,版权远销海外。
> 宋禾和淞,"疯兔小说写作课"优秀学员,擅长创作悬疑作品,代表作《骗保》《橱柜》《匪徒游戏》《弑父计划》等。
> 烦闷鸡米饭,作者,文字风格幽默风趣,全网发表故事超400万字。代表作《当一个白富美开始养猪》。
> 夜宇宸,本名杨星瑶,00后写手,"疯兔小说写作课"优秀学员,香港都会大学创意写作文学硕士。
> 爱丽丝,资深出版人。

01 从零开始,从"灵"开始

在很多人的认知里,作家写作是需要灵感的。

那么,到底什么是灵感?

很多人会说,灵感是一种说不清、道不明,可以意会,很难言传的东西,十分玄妙。

假设,有一天你走在路上,突然看见一只小鸟从树上跌落。电光石火之间,你觉得自己的灵感被触发。小鸟为什么掉落?你想到了这背后的故事,这就是你的灵感。

那么,在这里,灵感是什么?

往简单里说,灵感就是这只小鸟。

这就是笔者想表达的,灵感不是一个虚无缥缈的东西,它可以是很具象的。

小说作者笔下的每一个故事,都是从无到有细细打磨出来的。灵感的来源,大概率是很普通的事件或物件。

所以,没有写作经验的朋友,大可不必怀疑自己是否有灵感去完成写作,须知道,凡能长期坚持写作的人,他们依靠的早就已经不是灵光一现的激情;一个成熟的小说作者笔下错综复杂的故事,是靠一笔一画地打磨,一丝一线地填充,才变得完整而丰富。

所以,如果你想写作,就拿出一支笔,一个本子,或者一台电脑，静坐，思考，去寻找你的灵感，而不要等灵感来找你。

在这里，笔者要着重强调一点，你能否完成一篇小说，其实并不取决于你是否有灵感，更多取决于你是否懂得小说应该怎么写。只要你明白如何写小说，灵感就会是你看得到、摸得着的，会长期伴随你，永不会枯竭。

笔者有一个很小的手写笔记本，里面写着很多零零碎碎的东西。如某天夜里做的梦，醒来之后如果没忘，笔者就会用一两段话简单地记录下来；在某处看到的句子、歌词，或者某部电视剧、电影里面令人拍案称绝的片段，也会被笔者记录；甚至有可能笔者只是记录了一个很新奇的东西的名称。

这些东西，都是笔者的灵感来源。

那么，回到最初的话题，到底什么是灵感？

一句歌词是灵感，一个梦境也是灵感。

万物都可以是灵感。

人们常说，灵感是稍纵即逝的，很多时候，人可能会在某个不经意的瞬间突然产生某些散碎的念头，但往往转眼就会把这个念头忘记。

如果能养成良好的习惯，把大脑中偶尔产生的碎片记录下来，渐渐地，你就会发现，自己的世界已经慢慢生长出一棵灵感汇聚的大树。你会有用不完的灵感，可以恣意又流畅地进行创作。

在日常生活中，我们身边的任何东西都是灵感来源，大到轰动社会的热门事件，小到路边一颗不起眼的碎石，称它们为灵感，都不为过。

比如，助听器。

提到助听器，你会想到什么？是不是会顺势想到听力辅助仪器？这是所有人都会有的思路。而作为小说创作者，你可以多想一些。你可以想象，有一个特殊的助听器，能让佩戴它的人听到别人内心的声音。或者，这个助听器可以选择性地屏蔽恶意的声音，让佩戴它的人只能听见这个世界的美好。

每一种创意都是一种灵感，也是一个圆心。以这个创意为圆心，可以开始画圆。写小说就是把这个圆填满、丰富细节、让圆定型的过程。

那么，我们究竟如何去填满这个圆呢？

笔者相信，对于想尝试写小说的新手作者来说，脑子里的创意远比助听器的例子精彩。

尽管如此，笔者还是经常听到学员抱怨："老师，我有很棒的构思或者创意，但我无法写出一篇完整的小说。"或者"我能写开头，却常常半途而废，因为我写着写着思路就乱了，感觉无法自圆其说。""我落笔之后的成品和我的期待不符，我应该怎么办？"

答案很简单，光有创意不够，你的小说构思还不够完善。

不是说你想好了要去写怎样的一个故事，有头也有尾，搭好一个简单的框架，你就可以完成一部小说。我们要稳中求胜，在写小说之前，作者需要做的准备工作远不止这些。

在做小说构思的时候，必须考虑到七大要素。必须把这七大要素都想好、理顺，才可以动笔写，否则，你的小说创作会异常艰难，甚至连短短几千字的短篇小说也无法完成。

02 小说构思七大要素

虽然本章的主题是短篇小说创作，但是，构思小说，我们到底需要构思些什么？

在这里，笔者总结出七大要素，是构思小说的时候需要全面兼顾的。

要素一：精细明确的小说主旨

小说的主旨，即一篇小说的中心思想。

作者通过小说反映社会现实，或者歌颂爱情、亲情等，他希望读者看到的自己写作的用意、想传达给读者的理念，就是小说的主旨。

主旨是小说的灵魂，有了主旨，才可以围绕主旨去创造人物、描述情节、表达真情实感。没有主旨就没有灵魂，小说就会无病呻吟。

主旨起到统领全局和画龙点睛的重要作用，构思小说的时候，第一步就是给自己的作品确立主旨。

毫无疑问，主旨应该是发人深省的，引发读者的思考与共鸣。前面说的反映社会现实、歌颂爱情或亲情等，都是很宽泛的主旨，作者在确立小说主旨的时候，要在引人思考与共鸣的基础上明确、细化，不要过于宽泛、粗略。

以下有两个示例。

A 作者的小说主旨：女人要独立自强，安全感是自己给的，不是来源于另一半。

B 作者的小说主旨：女人要独立自强，即便处境艰难，安全感也是自己给的，不是来源于另一半。

这两个主旨，哪一个更容易让人去执行下一步构思呢？显然是后者，因为后者比前者多了"处境艰难"这一明确的指向，构思更具体的框架的时候，就知道要往女人处境艰难这个方向去想。

条件允许的话，作者还可以给主旨套上更多的定语，把想表达的内容更加精细地融入主旨，这种精细化就如同顺着最初的构思画上一条跑道，在跑道上奔跑，就不会脱轨。

有了方向的指引，后续安排的桥段才会围绕着这个方向展开，不散，不乱。

有些作者在构思阶段，给自己的小说安排了很多设定，或埋下了很多伏笔，但是写到后期，这些设定或者伏笔并没有自圆其说，甚至无声无息地消失了。或者，某些设定对于推动小说的情节起到的作用可有可无，跟故事本身的结合并不紧密。这都是因为作者在确立小说主旨的时候，不够明确，不够精细。

主旨越明确，越精细，小说的思路越清晰，构思也会越容易，写出来的小说才能给读者稳定的代入感。

要素二：主要角色的行动目的

笔者做编辑的时候，遇到过一个作者，她想写一部短篇系列小说。

她给出了非常详细的故事大纲，以胭脂铺的女老板为主角，每一个单篇故事都是讲述来到胭脂铺的顾客的情感遭遇，小说里面每一个主要角色的口头禅、个人生活习惯等细节也认真地进行了策划。

乍一看，她的大纲很完整，胭脂铺的女老板是整个系列的主角，而每一个单篇故事里面出现的顾客是对应单篇的主角。但笔者看完大纲之后，感觉她的这个系列故事形不散，但神散。

笔者问她："胭脂铺老板在这个系列故事中存在的意义是什么？"

她说，就是起到串联的作用，老板会参与每一个单篇故事里面，跟对应单篇故事的主角一起经历各种事情。

我把她的这个想法否定了，建议她给胭脂铺的老板安排一个明确的行动目的，不要只是别人故事的参与者。

写小说，一定要有足够的代入感，才能够吸引到读者。代入感依赖很多方面，其中的一个重要方面是人物的行动目的。读者需要很明确地知道，这个人物想去做什么，想去实现什么，从而关注他实现目的的过程。在这个过程里，人物遭遇的困难、失败与成就、情感经历、喜怒哀乐，都牵动着读者的神经。

有一个明确的行动目的，更容易让读者领会小说的写作用意，更快地融入剧情。

同样，行动目的也要尽量明确、精细，不要太宽泛。

这个行动目的可以是角色长期的行动目的，是终极目的；也可以是短期的、阶段性的目的，可以随着剧情的推进而变化。

但需要注意的是，如果是阶段性的行动目的，目的之间要有关联，集中指向终极目的。

如果人物今天想做的事情和明天想做的事情差别很大，同样会破坏读者阅读时的代入感，让小说显得散乱。

要素三：主要人物的个体特征

简单说，人物的个体特征就是人设。

长篇小说需要提前确定人设，短篇小说也需要提前确定人设。前文介绍过长篇小说怎么设计人设，这里介绍短篇小说的人设设计方法，短篇小说中的人设与长篇小说有所不同。

在短篇小说里，除了最基本的人物性格、三观，还需要为人物设计一个亮点，这个亮点需要很鲜明，要与众不同。不需要多，一个就足够。并且，这个亮点要能参与到故事情节里面，对故事情节有一定的影响，或者推动故事的发展。

比如，设计一个角色：一紧张就会结巴、有一个外貌特征是脸上有胎记、是五月出生的双子座、最喜欢吃的一道菜是红烧肉……这些都是人物的个体特征，这些特征放在一个长篇小说的主人公身上，都是可用的。把这些特征赋予人物，会让人物更加生动、真实、饱满。

但是，如果是在做一个短篇小说的人物特征策划，那么，前面列举的这四条人物特征需要进行取舍，因为短篇小说篇幅较短，无法逐一刻画这些特征，只选取和情节关联最紧密的、能够推动或者加强情节的，着重进行打磨，这样，作者才有足够的空间去让人物因为个体特征鲜明而更加形象、立体，给读者留下更深刻的印象。

要素四：完善角色和故事背景

人物是有背景的，故事也是有背景的，背景的详细与否，会影响小说的厚重程度。

通常，作者在构思小说的时候，可以多想一想，这个故事发生在一个怎样的时代？有着怎样的社会背景？是战火纷飞的年代，还是太平盛世？如果是宫闱深深，那这个皇宫里的生存环境如何？有着怎样的生存现状？如果是架空的背景，那这个背景的生存环境是怎样的？有哪些人情世故、生存法则？

虽然在短篇小说里，这些内容可能只是一两句带过，但这是让故事情节合理的根基，作者仍然要仔细构想，这样小说才有真实感，更有助于读者理解和融入故事。

而人物的背景，可以包括人物的家庭环境、成长背景、受到的教育，还有过往某些特殊的遭遇等，这些都会影响到人物性格的形成，以及人物的行动目的。

关于如何用最短的篇幅塑造经典的短篇小说人物，后面会有专门的章节进行详细讲解。

要素五：主角的人物弧光

前文也提过，小说里的人物弧光是指人物的成长变化。

罗伯特·麦基在《故事》中提到，最优秀的作品不但揭示人物真相，而且在讲述过程中会表现人物本性的发展轨迹或变化，无论是变好还是变坏。

在短篇小说创作中，不成熟的作者容易忽略人物弧光，只注重情节推演。须知道，在现实世界里，随着我们的成长、阅历增加，或者遭受突如其来的冲击，总会有某些节点，我们的思维会发生变化，为人处世方式、应变能力，也在不断地变化着。在小说中也是如此。那么，小说主角登场的时候，他有着怎样的身世背景，他的人生观、世界观是怎样的，他与小说中其他人物之间的互动怎样……都需要作者在构思时明确。

随着情节推动，主角经历了什么？发生了怎样的转变？是变好还是变坏？都需要作者预先进行安排。

作者应该事先计划好人物在小说中会经历的几次大的事件，明确这些事件会对人物造成怎样的冲击，他会因此发生怎样的转变，或者他和身边人的关系会因此发生怎样的变化等。每个大事件对人物造成影响、转变时，该事件都可以被称为节点。在构思的时候，作者就需要把这几个节点安排好，这有助于作者谋篇布局，更好地把握小说的节奏。

要素六：副线人物的融入与结合

当然，除了主要角色，小说少不了配角。配角怎样参与剧情？在构思的时候也要做好计划。作者推演主角的行动轨迹时，如果遇到困难，不知道怎样安排情节，可以转换一下思路，去想想这个时候配角在做什么，想想他们如何跟主角发生互动，大概率有助于推进主线剧情。

要素七：小说全文的节奏点划分

写短篇小说，在构思的时候，要对全文的节奏安排心中有数，这是很重要的。

所谓"节奏点划分"，是指对全文进度的把控。

前文讲过，一个完整的故事，必须有起因、经过、高潮、结尾，中间还有不少转折。那么，为了避免在写小说时节奏失控，失去对故事详略、松紧、缓急的把控，作者需要在做构思的时候预先把小说分为几个板块。

这些板块包括起因、第一次转折、第二次转折、高潮、结尾。每个板块用多少字数去描写，整篇小说计划写多少字，都是在构思阶段就需要大致确定的。

当然，在进行写作的时候，可以根据实际情况进行调整，并不是完全被预设限制。预设，主要是为了避免作者在写小说的时候过于"放飞自我"，导致节奏混乱、松紧失当。尤其是当约稿方对小说的字数有限制的时候，作者更需要在对方限定的字数范围内做好全文的布局、规划。

03 | 怎么塑造经典人物

前文讲到过人物特征和人物弧光，这些是作者在做人物设定的时候需要考虑的因素。

小说人物设定的重要性不言而喻，一篇好的小说，人物必然是立体的、有代表性的、能给人留下深刻印象的。

成功的人设才能撑起整篇小说，人设失败，大概率等于小说失败。

有的时候，一篇小说在情节方面可能有一定的缺陷，但是如果它的人设非常出彩，出彩的人设会给小说加分，使读者对人物喜爱有加，甚至连带着给出小说很高的评价。这就是人设的魅力。

在长篇小说里，作者有几十万字，甚至上百万字的空间去塑造一个人物，短篇小说中，由于受到篇幅的限制，在人设方面，相对来说更难施展拳脚。但这并不是说作者不需要去攻克这个难题，须知道，在任何小说里，人物设定都是需要慎之又慎的。要做好人设，必须知道一个成功的人设应该具有哪些特征。

如何用最短的篇幅塑造最经典的人物？在这里，笔者总结了成功的人设需要具备的如下四条属性。

04 | 人物的特殊性

把特殊性放在第一条来讲，是因为相对于其他三条属性，特殊性最容易给读者留下重要的第一印象。

在当下的流行小说里面，主角的同质化现象很明显，外表高冷却对女主深情温柔的男主太多了。如果别人写暖男，你也写暖男，怎么样写才能够使你的小说主角在同质化的当下脱颖而出呢？

这就需要作者在做人设的时候，尽量给角色赋予某些特殊性。

思路一：从人物的行业或职业入手。

从人物的行业或职业入手，比较容易让人物具备特殊性。作者可以安排笔下的人物从事比较特殊、小众的职业，直接保证其特殊性，让对这个职业不了解的读者对角色产生兴趣。

做好这一点的前提，是作者对这个职业足够了解，花一番精力去做资料收集，从而使角色够真实、立得住。

而行业或职业的特殊性，也是影视公司在挑选 IP 时的重要参考项。例如，花滑、电竞、考古、仵作之类的行业或职业，都出现在一些影视作品中。

如果能够找到一个比较特殊的行业或职业，在这个行业或职业的背景下深挖，创造出有潜力的作品的可能性更大。笔者个人是很推荐从行业或职业的角度出发给人物制造特殊性的。

笔者做编辑的时候，曾经收到一位作者的投稿，作者把女主设定为一位依靠家传秘方治疗脱发的医师。这是一篇文风很欢快的稿子，男主的身份是有脱发烦恼的尊贵王爷，女主为他治疗脱发，两人的故事由此产生。

这篇稿子的新颖之处在于女主的职业，以及男主有点"二"的人设，作者从女主的职业出发，保证了其人物的特殊性。

这样的例子不胜枚举，但需要注意的是，有了职业设定，作者还要把角色的职业和整个小说的主线剧情糅合在一起，切忌在谈到人物职业时，以生硬单调的说明方式去展现，那样不仅占篇幅，而且会削弱读者在阅读时的代入感。作者需要把人物的职业融入剧情，并且通过人物的行动、语言等展现出来，让读者充分理解这个职业。

落实到短篇小说，由于篇幅有限，寸字寸金，作者在给人物安排职业的时候，最好具体化。就像笔者上面举的例子，当女主的职业是医师的时候，恰好男主是她的病人，把她的职业具体到针对男主的某个疾病，这样不仅有新意，使女主有别于常见医师，还更利于剧情的集中和开展。

这样具体化的安排，能够同时体现人物的行动目的，一举两得。

思路二：从人物的背景入手。

人物背景，是说这个人物有着怎样的成长环境，以及有过哪些特殊的经历，这些成长环境和过往经历，会影响他的行为、性格、观点，同时也是他在小说里的行动目的的成因。

比如，一个曾经目睹父亲酗酒、家暴、始乱终弃的女孩，变得对爱情敏感、不容易相信异性，甚至成年以后再次回到父亲身边时，对父亲当年抛妻弃女的行为做出报复。这就是对人物背景的设定，这个背景，若能创新，同样可以保证人设的特殊性。

小说的情节需要创新，人设同样需要创新。情节也好，人设也好，创新是过稿的撒手锏，是出爆款必不可少的因素。

思路三：从人物的特性入手。

人物的特性主要指人物的脾气、性格、为人处世的行为方式、三观、喜好、生活习惯等。

在幻想类型的小说里，人物的特性可以更加天马行空。比如，读心术、人格分裂等是很常见的人物特性的表现方式。作者可以借鉴这样的思路，给自己的角色创造出新的特性。

构思短篇小说的时候，作者需要对人物特性进行策划。除了最基础的身份、性格等特性，还需要一个亮点型特性，使人物足够突出。这个亮点，必须是跟主线情节紧密结合的，不需要多，大多数情况下，一个就够。

举例说明如下。

假设，笔者打算写一个身份特殊的女主，她不食人间烟火，以孤单的人身上所散发出的孤单气息作为食物。

以孤单为食，就是笔者赋予人物的一个亮点。

接下来，女主遇到了男主，一个常年独来独往、非常孤单的人。为了获得食物，女主主动接近男主。一开始，女主可以从男主身上获得源源不断的食物，但是时间长了，男主渐渐爱上了女主。这个时候，男主感觉自己不再是孤单的，在这个世界上，有一个人使他惦记，同时也惦记着他。突然有一天，他不再能够为女主提供食物，接下来，两人之间会发生怎样的故事呢？

这样的设定，既保证了人物的特殊性，又把这个特殊性和主线剧情完美地结合了起来。

总结

对于人物特殊性的设定，还有很多角度可以切入，不仅是前面提到的背景、职业、特性等方面。人与人之间既有共性，又有个性。共性是作者在做人设的时候必然要赋予角色的，而如何安排人物个性，尤其是那个亮点型个人特性，更需要作者付出精力，对人物精雕细琢。

脱颖而出的人物特殊性，能够让人物牢牢抓住读者，是一篇小说成功的关键。

05 人物的完整性

我们常说，要塑造饱满的人物，这个饱满，要求人物是完整的。在人物的完整性方面，需要记住两个"为什么"和一个"怎么样"。

两个"为什么"：角色为什么会是这样一个人？他为什么会做出这样的行为？

一个"怎么样"：角色在做出这样的行为以后，对其自身造成了怎么样的影响？他的现状发生了怎么样的转变？

两个"为什么"是人物的背景和行为动机，一个"怎么样"是人物的弧光。

在两个"为什么"中，大多数作者不会忽略后者，但有时容易忽略前者。

举个例子，假设生活在民国时期的女主是一个"灰姑娘"，母亲去世以后，父亲另娶，后妈带着两个女儿嫁过来，三个女人经常暗地里算计女主。

有一次，女主明明可以获得一个去学堂念书的机会，但由于大姐暗中使手段，破坏女主的名声，导致女主被学堂拒之门外。在这里，大姐是一个反派，对她来说，凡是对女主有利的事情，她都要阻挠。她希望自己和母亲获得继父全部的家产和情感，想让女主在这个家里待不下去，这是她的行为动机，是她对女主入学一事从中作梗的理由。

此时，除了交代大姐的行为动机，还需要进一步交代她为什么有这样的动机——她之所以如此专横，是因为她童年时，曾经被母亲抛弃过，经历过一段寄人篱下的悲惨生活，几年后才被母亲重新接纳，所以她非常渴望有母爱、父爱，她甚至希望父亲、母亲独属于她一个人，她不但厌恨女主，背地里对自己的亲妹妹也充满嫉妒之心。

如此一来，大姐这个人物的行为动机也得到了充分的解释，这个人物便更加立体。两个"为什么"都清晰，人物的完整度就提高了。

人物性格的形成也是如此。比如，想塑造一个自卑、懦弱的人，仅仅去展现这个人自卑、懦弱的现状是不够的，还需要对他这种自卑、懦弱性格的成因进行追溯，把性格成因展示出来，这样人物才会更真实、饱满。

对人物及其行为追根溯源，是保证人物完整度必不可少的环节。

至于"怎么样"，是说人物要有弧光，有弧光的人物才是完整且符合人性的。

举个通俗的例子，常说的"黑化"，就是人物弧光的体现。

一个角色在刚登场的时候天真、善良，但由于遭到种种打击，心中积累怨气，慢慢地开始钻牛角尖，甚至想以恶治恶，逐渐迷失本心，最终黑化。角色由白转黑，由天真善良到心狠手辣，这样的变化轨迹，就是人物弧光的体现。

还有前面章节举过的例子，小说中男女主角刚刚登场的时候，彼此嫌弃，总是揪着对方身上的缺点不放，针尖对麦芒；后来，两个人一起经历了一些事情，彼此理解，惺惺相惜。这样的人物转变，也是人物弧光的体现。

要塑造人物弧光，需要制造一些节点，在这些节点中实现人物的转变。这种节点，往往是和冲突相伴的。

比如，小孩会因为挨了大人的一顿骂而改正自己的错误，这顿骂对小孩来说就是冲突，会对他的内心造成一些冲击，从而导致他的思想和行为发生转变。在小说中，人物的转变不是一蹴而就的，需要循序渐进，从量变到质变。如果转变太生硬，就不符合逻辑，欠缺说服力。

在短篇小说里，要想做到人物的转变不生硬，需要事先做好铺垫，并且在描述事件冲突的时候有取舍，着重描写最具代表性的冲突。

例如，男主的女朋友失踪了，男主本以为女友是因为遭受迫害而失踪，后来却发现女友其实是主动"失踪"，是因为他的爱过于专横、霸道，对方已经不爱他了，想离开他，并且离开他以后获得了真正的快乐。男主从一开始的不能接受、强行挽回，到后来看见女友生活在没有他的世界里露出前所未有的笑容，决定放手。

这个放手的决定，不会是因为看一次女友的笑容就做出。之前两人之间发生事件一、事件二、事件三，都可以是促使男主做出决定的因素，但作者并不需要把每个事件都详细地写出来，只需要挑其中一段最具戏剧性、最能撼动人心的事件进行描述即可，其他的当然不能忽略，但可以用略述的方式带过，这样可以既完成人物的转变，又不会显得生硬。

人物的完整性，就是我们不仅要知道这个人物到哪里去，还需要知道他从哪里来，要知道他在奔赴目的地的过程中有哪些遭遇，这些遭遇是如何慢慢改变他的，而他又是怎样应对这些改变，并最终实现目的的。

06 人物的多面性

人性是复杂的，一个杀人不眨眼的魔头，可能是一个孝子；一个处处与人为善的老好人，可能有阴鸷虚伪的一面。作者在设计人物的时候，要兼顾人性的复杂，把人物设计出多面性、层次性，探求人性的广度和深度，打破人物的单薄感。

实现人物的多面性，能够让人物更加真实、立体、贴近生活，也更容易引发读者共情。

每个人都有着不同的社会身份，在不同的领域扮演着不同的角色。一个普通企业的员工，在公司里，他是别人的同事、下属；走进商店，他是顾客；乘坐地铁，他则是乘客；而在女朋友面前，他是"护花使者"。

社会身份的多重性，是作者塑造人物多面性的一个构思角度。

一个人在工作中冷酷、严苛，但回归家庭，他有可能温柔、和善。人在面对不同的人、处于不同的环境、处理不同的事情时，有不同的态度和手段，把这些态度和手段写出来，人物的多面性就可以展现出来。

这是从社会身份的角度去思考人物多面性，还有一些思考人物多面性的角度，比如，从一个人自身的矛盾出发。

一千个人眼中有一千个哈姆雷特。一个人在自我眼中的形象，和他在别人眼中的形象也不一样，这就会造成人物自身的矛盾。他希望自己大方，尽量在人前表现得大方，然而有人能看到他故作大方的背后是伪善和矫情。作者去展现这些矛盾，角色身上真实的人性被暴露，多面性就能得到很好的体现。

要注意的是，有一个无奈的情况。在短篇小说中，需要在很短的篇幅内紧锣密鼓地推进情节，这时候，人物多面性是受到约束的，安排人物的多面性时不宜面面俱到。

假设人物的多面性有五个面，面多且面广的时候，作者需要进行取舍。和关于人物特殊性的设定一样，作者要舍弃的，是和主线剧情无关，或者关联性比较弱的"面"，选取跟主线剧情紧密交缠的"面"进行重点打磨。

要记住，在短篇小说里，人物的多面性必须是可以推进主线剧情、不可或缺的。

常见的作者塑造人物多面性的方法有以下两种。

第一，让人物优缺点并行。人总有优点，也有缺点，小说从来不要求作者把角色设定得完美。有瑕疵，反而更真实。优缺点并存，就是最基本的塑造人物多面性的方式。需要注意的是，设计主角的时候，优点必须占大头，而缺点要既能保证真实、让读者可以理解，又有限，且不能是虚伪、阴险、自私等人品方面会引发读者反感的设定。

除了让优缺点并行，第二种简单易行的塑造人物多面性的方法是制造反差。冷酷的人可以喜欢看幼稚的动画片，吊儿郎当的人也可以在遇到大事的时候显露自己稳重严肃的一面。很多作者喜欢把男主设定成人前高冷带刺，面对女主却有万般柔情和热忱的形象，这就是反差。

处理短篇小说的时候，可以让这种反差成为人物情绪的爆发点，在出现反差的时候，将剧情往前推动一大步。

比如，一个杀伐果断、流血不流泪的帝王，在打了一连串的败仗，同时遭受背叛、侮辱，大厦将倾的时候，依旧咬紧牙关，无畏地面对这一切，却因为路遇的一个小乞儿给自己一碗白粥而黯然落泪。坚硬外表之下，柔软的内心被释放。这个时候，女主看到他也是一个平凡人，而非疏离不可靠近的神，于是对他产生了怜爱之情。这就是在展现人物多面性的同时，把两人之间的关系大大地往前推动了一步。

需要特别提醒的是，人物的完整性、多面性等属性是相互影响的，以 A 完善 B，以 B 巩固 A。也就是说，设置一个人的行为出现反差时，需要解释他为什么会有这样的反差，不要忽视人物的完整性，要让一切安排都合情合理。

除了兼顾完整性，还有一点很重要，即兼顾逻辑性。

07 | 人物的逻辑性

万事都要讲逻辑。

不合逻辑的事情存在吗？可能有些事情，在某些人的角度看来是不合逻辑的，但那是因为这个人不清楚整个事件的细节，对于当事人而言，事情依然在他的逻辑之中，或者可以说，那是他自洽的逻辑。

写小说的时候，作者可以不去挑战复杂的逻辑，尤其对于新手作者而言，在创作过程中要经常停下来做自我检测，不断地问自己：某个角色做某件事情合理吗？

合理，即符合逻辑。

怎样自测逻辑呢？

在这里，笔者把需要自测的人物逻辑分为三类：第一类，基础的人性逻辑，或者说是现实逻辑；第二类，人物的性格逻辑；第三类，人物的行为逻辑。

现实逻辑，是即便不需要作者主动做出设定，也依然存在的逻辑。比如，在现实主义小说里，鱼是不会飞的，鸟是不会游泳的，一个无心向学的学生不会无端成为全班听课最认真的人，一个常年在垃圾堆上睡觉的乞丐也不会因为看见蟑螂而吓得尖叫失声。人物的性别、身份、年龄、成长背景、生活环境，这些都是现实逻辑。

现实逻辑和后两者的区别在于，不需要作者做出特别的说明，它始终存在。

第二类逻辑，是作者为人物设定的性格逻辑，需要作者花笔墨介绍。

人物的性格逻辑是指作者为人物设定的性格，包括人物的人生观、世界观等，因为这些内容会影响人物的思考、处事方式，人物说话的语气、表情，也要循着性格来走。作者不能安排一个善良的人在看见别人落难时兴灾乐祸，也不能让一个自负狂妄的人在面对别人的质疑时垂头丧气，这些表现，都不符合人物的性格逻辑。

人物的性格影响人物的行为，会支配人物的行为。

第三类人物逻辑——行为逻辑，往往是由人物的性格决定的，难以和人物的性格逻辑分开讨论。比如，一个坚信"学高为师，身正为范"的人，通常不会做出烧杀抢掠之类的恶行。如果作者要设计一个豪爽大方的角色，自然不能让他有小气抠门的行为。

有些时候，作者在写小说的过程中比较容易犯一个错误：为了追求情节的激烈起伏，强行制造冲突，而这个冲突，是这个人物在其性格模式下并不会面对的，这样的安排不可取。

虐文流行的时候，写虐文有几套固定的模式，很多作者喜欢把自己的故事往这些固定模式上面套。结尾处，不是其中一个人为了另一个人殉命，就是遇到不可逾越的障碍，两人相爱却被迫分开。

这样的短篇小说，相信读者见过不少，很多读者质疑这是"为虐而虐"，差不多在文章中段的时候，作者就开始在虐点上加码，不管什么情节，虐即可，生怕读者的眼泪太值钱。

这种写作方式很容易导致小说存在违背逻辑、生硬、矫情、虚假等问题。明明是高智商又爱得死去活来的两个人，突然因为别人的挑拨、算计，失去对彼此的信任，合理吗？

不讲逻辑，容易令人物乃至整篇小说直接被毁。

说到这里，不得不提另一个会让写作新人感到为难的问题：既然一直在强调性格决定行为，那是不是说，设定一个人物性格冷酷，这个人物就要冷酷到底呢？是不是等同于给人物安装了一条轨道，人物必须在轨道内活动，逻辑才不会脱轨？

当然不是。

作者写作时需要注重人物逻辑，但同时要注意，过犹不及，如果为了遵从逻辑而把角色限定在死板的框架里，容易会造成角色脸谱化，丧失多面性。要求人物有多面性和遵从逻辑性并不矛盾，这需要作者拿捏好两者之间互为约束且互促互益的关系。

聪明的作者会在意识到自己笔下的人物可能被读者质疑逻辑性的时候，对情节或者人物的逻辑加以解释，自圆其说。

可以这么讲，逻辑虽然是要作者遵循的，但有的时候，也是可以被适度打破的。

不过，打破也只是一种表面现象，并不是故事失控，其实是作者在合理范围内，巧妙地变换了逻辑。

举个简单的例子，作者写一个忠君爱民的好官突然一反常态，去做了一件触犯法律的事情，这就不合逻辑。但是，如果作者紧接着揭示此人其实是受到胁迫，犯罪是他不得已而为之，那这个逻辑就被作者圆回来了。

这就是作者将逻辑 A 变换为逻辑 B 的实例，人物没有脱轨，仍在逻辑之中。

这种先打破逻辑，再重建逻辑的方法，是小说中制造冲突和悬念的一种便捷手法。

需要注意的是，任何人做任何事都是有原因的，作者要兼顾人物的完整性，对其行为追根溯源，这样写出来的内容才有说服力。

所以，人物的特殊性、完整性、多面性和逻辑性，在同一个角色身上是需要相互交织的，写作的时候，要把这几个要素结合起来，全方位考虑，才能塑造出成功的角色。

短篇小说结构设置

以《海上调音师》这篇短篇小说为例，分析短篇小说的结构设置方法。

男主人设：海洋生物研究院职员。

女主人设：钢琴调音师。

故事跨度：（从1987年到2017年）30年。

女主和男主都出生于1987年，女主是钢琴厂工人的女儿，男主是钢琴厂厂长的儿子，两人的出身就有差距。

六岁那年，两人在一次元宵庙堂猜灯谜的儿童节目上认识。【相遇】

几年后，下岗潮爆发，钢琴厂倒闭，女主爸爸成为钢琴调音师；男主爸爸自主创业，成为五星级酒店的老板，两人之间的差距越来越大，但一直互有接触。【相处】

男主暗恋女主，可女主数次从他的生活中消失。【发展】

两人约好考一所城市的大学，却都食言了。【冲突】

男主毕业后成为海洋研究院的职员，有一天，失踪的女主突然回来找他。女主已是优秀的钢琴调音师，还开了琴行，成为老板。

女主这时候主动向男主表白，因为女主觉得自己可以和男主相配了。女主一直在追求平等的爱情，一直在自己默默努力。【相知】

两个人在一起，准备结婚。女主婚检时发现自己的母亲有遗传性精神病，再次选择默默逃离男主的世界。【相爱未果】

30岁这年，曾经梦想环游世界，成为海洋学家的男主，还是一名海洋生物研究院的科员。男主和门当户对的企业家女儿结婚，过上了平淡的生活。【结局之一】

从小在波折的环境里成长，一直向往安稳生活的女主踏上了一艘航海游轮，成为海上调音师。女主决定追寻自由的、不受世俗束缚的生活，哪怕终身孤独。【结局之二】

这篇小说的整体结构中，串联的所有事件都是"理应发生"或者"不得不发生"的，不是刻意为了制造情节而制造情节，因为那样会导致故事经不起推敲，无法让人信服，读者看一眼就知道是编造的。

故事结构的设置中，主角、时代、背景、事件、原因这几点尤为重要。前文分别介绍过，此处结合实例，再做一个总结。

短篇小说开头怎么写

短篇小说有一个重要的开头写作方法，就是开门见山，制造悬念（倒叙）。

开门见山的缺点是故事节奏平淡，布局啰唆；优点是进入剧情快。

开门见山制造悬念时,开头就要交代地点、事件、人物,能快速引起读者的好奇心。

比如,如何把平平无奇的校园生活写出新意?

这里,笔者用自己非常喜欢的一个作者"阿蛙"的文章来举例子。以下是阿蛙发表在《小说绘》上的一篇文章,名叫《雨孩子》,文章名非常有新意。这篇文章的开头如下。

那个春天,我正念小学二年级,为了迎接省领导来听作文课,老师让我们每人交十块钱,周末去九峰动物园观摩学习,贮备素材。那时候,十块钱对我来说是一笔很大的费用,可是后来发生的事情,让我不后悔交了这十块钱。

动物园园长的爱人,是我们学校的一个老师,他们特意派出一辆旅行车来接我们。行到人烟稀少的地方,车速减慢,抛锚了。下车后,一干学生背着书包站在公路边等另一辆校车来接。时值四月,万物萌发,雨雾如同绣花针,整个世界如同一汪滴水的翡翠。老师让我们排队站着,不要动,班干部维持秩序,她自己去上厕所了。作为卫生委员,我要检查每个同学的手是否干净,不能让他们用脏手去摸动物园的猴子。

有人把手摊开给我看,掌心用圆珠笔写了字,还有一串数字:"段麒麟,荆门市象山大道×号江山如画一期602;爸:段中国;妈:王中华;8839×××。"

我正想命令他去洗干净,抬头却发现他面孔陌生。他不是我们班的学生。男孩和我们年岁相仿,头发漆黑,湿漉漉的,眼睫毛上挂着细碎的雨珠，书包里露出一串香蕉，那是我最喜欢的水果。

我问道："你要去哪里？"

他小声说："九峰山。"

他和我们同路，且站在一起，我懂他的意思。

校车来了，我抓住他的手，用班干部体贴的口吻说："你一个小学生独自出门，遇上坏人了没人救你。我们同路，不要车费的！"这种免费人情不送白不送。

他额间有些湿，并不是因为这细雨，是他走了很久的路流下的汗水。他的一双球鞋泥点斑驳，边缘已经严重破损。后来我才知道，他独自一人，从天未明到现在，走了四个小时。可能是我的邀请太过热情，他有些犹豫地上了车。

我和他坐在最后一排，又和老师交代了他的情况。就这样，这个6岁的男孩，被我"捡"上了车。车颠簸得很厉害，几个同学开始晕车，我也恹恹地趴在一边，耳朵里嗡嗡作响。

他关切地问："你不舒服吗？"

我虚弱地说："不要紧，以前经常这样，吃几根香蕉就好了。"

其实我并没有多不舒服，我只是想吃他的香蕉。他二话不说，掰给了我两根香蕉。看着我吃完，他问："好点了吗？"我摇摇头，趴在前排的椅背上，他又递过来三根香蕉。见他的书包空了，我抖擞起精神来和他说话。问起来意，段麒麟语调平淡，目光中流露出与年龄不符的沉稳："我去看我爷爷。"

那时候，科学知识告诉我，人是由猴子进化来的，可是我母亲又告诉我，我是她亲生的。这种矛盾的说法让我曾经迷茫不已，后来经过思索我终于明白了——我刚生下来的时候就是一只猴子，后来成功进化成人了。倘若，我没有变成人，就会被送到动物园去，每天被无数游人观看……想想都觉得危险。

　　我心里对这个孩子充满了怜惜，一般猴子变成人之后，很少会再变回去，可是段麒麟的爷爷或许是个例外，出现了返祖现象，不得不被遣送回动物园。

　　这香蕉，大概是给他爷爷吃的吧，我心里有些愧疚，但千猴一面，他能认出谁是他爷爷吗？

　　一路上我们说了许多许多的话，不记得我说了什么，他终于露齿笑了一回。

　　这篇文章的开头很特别，女主春游去看猴子，意外遇到年幼的男主千里独行来祭祖，看男主可怜，她竟然自作主张，把男主带上了春游车。作者叙述的真实感很强。

　　风趣幽默的语言色彩，可以让文章显得新颖。一个幼小的男孩独行上山给爷爷扫墓，爬不动了被女主"捡到"，原本是有悲伤元素的，但是作者行文风趣，整体的阅读感就提升了。因此，用一种比较欢快的语言来描写一个悲伤的故事，可以大大提高文章的新颖度。

　　再看一段原文。

　　段麒麟看了一眼唐天然碗里的星星点点，说："你没听说过，吃饭剩了米粒，将来娶的媳妇要长麻子的。"我下意识地摸了摸自己的脸，不好，有两颗青春痘！我未来的相公，吃饭太不给力了。

去食堂吃饭这样一个很俗气的情节，作者写得不仅风趣，而且把女主俏皮的性格展现出来了，这就是写作功底的体现。

类似的原文实例还有很多，如下所示。

7岁那年的清明，他带上了一点压岁钱，偷偷搭上一个熟人从荆门到武汉的顺风车到了武昌火车站。之后的路，只能靠他自己深一脚浅一脚地向前走了。

这里，作者在文章中植入了真实地名，立刻提升了文章的整体真实感，让文章接近生活，离读者的距离不是那么远了。

关于地名，运用得当还能提高文章的高级感，比如写浪漫的爱情故事，是写"女主下了飞机"好，还是写"她犹记得，她在成田机场最后一次与他的匆匆一瞥""阿姆斯特丹的郁金香年年盛开，他却再也没有和她牵手走过"这样的句子好？植入这些比较生僻的地名，是不是显得文章高级了很多？

不同的文章风格，适合植入不同的地名，比如，阿蛙的文章适合植入朴实的、接地气的地点，如果是浪漫爱情故事，则适合植入巴黎等有情调的异国地名。

如何把普通的句子写得有趣，这点是大家要学习的。

接下来看看如何写出新颖的亲情稿。

以璃华发表在《爱格》杂志上的文章《你要去的地方四季如春》为例，进行讲解。

楔子

杂货铺的灯光，在寒冬的雪夜显得很温暖，对深夜游荡在街上的行人来说，是唯一亮着灯的去处。

一只胖胖的三花猫蹲在屋檐下，漂亮的猫眼映着雪地里的光，仿佛藏了一个琉璃世界。

老板娘从躺椅上站起来，缓缓走到门边，时间已经很晚，看样子不会有生意上门了。

她走到门口，弯下腰，想将猫抱进来，抬起头却看到杂货铺外，一双略有些混浊、含着水光的眼睛，带着一丝期待和祈求望着她。

"进来吧。"好一会儿，老板娘淡淡地说了一声。

于是，在这寒冷的冬夜，一个特别的客人，缓缓走进了这家小小的，开在凤凰街37号的杂货铺。

1

雪湖一个月大的时候被阿爹捡到，那时候是冬天，才下过雪，地上、屋顶上、枯败的芦苇滩上，都积了厚厚的一层雪。

那天，雪刚停，阿爹带着小狗阿黄进山捡柴火，走到半道上，阿黄忽然大声叫了起来，阿爹这才发现了被遗弃在河岸上的雪湖。

闭塞落后的小山村里，遗弃女娃娃并不稀奇，尤其是生来就有残疾的女婴。那个小小的女婴，生了一张兔唇。

全村的人都笑话阿爹背回了个"讨债鬼"，阿爹没理会那些闲言碎语，把雪湖当亲生女儿一样养着。雪湖争气，硬是靠着阿爹有一顿没一顿的米糊糊活了下来。

"不要怕，雪湖。"盛夏的夜晚，阿爹带着三岁大的雪湖坐在门外乘凉,"等阿爹存够了钱,就可以带雪湖去做手术,那样雪湖就会像其他女孩子一样了。"

雪湖五岁那年,阿爹带着雪湖还有阿黄,走了三天山路,翻过好几座大山,去往外面的世界。

阿爹带着她找了好久的医院,好不容易找到了,却得知让她变成正常女孩需要的手术费是三万元。阿爹全部的积蓄不过五百元,在闭塞的小山村里,那已经是一笔巨款了。

五百与三万的差距,就像是天与地,那是星空一样遥不可及的数字。

"阿爹,我们回家吧。"雪湖对阿爹说。

然而,阿爹在沉默了半个小时后,做出了一个决定,他没有带着雪湖回那座山村,他选择留在那座城市。

阿爹在桥洞下和其他流浪汉一样,搭了个简易的窝棚,那就是阿爹和雪湖,还有阿黄的家。

从那天起,阿爹就拿着捡到的蛇皮袋,在城市里捡垃圾,从城市的这一头背去那一头,卖的钱舍不得花,全都贴身放着,一点一点地攒着,想着哪天能攒够三万元就好了。

雪湖每天带着阿黄去捡矿泉水瓶,一个瓶子一毛钱,多捡一个,就多一分希望。

虽然活得很苦,但雪湖脸上的笑容从未消失过。

因为阿爹在这里,阿黄也在这里,哪怕这里连风雨都无法抵挡,但有爱的地方,就是家。

2

如果时间可以停留在那一刻，该有多好？

雪湖在漆黑的夜里睁开眼睛，枕头早就被泪水打湿了。睡不着觉，雪湖决定出去走走。

院子里，紫藤花开得沸沸扬扬，花架边上是用来给更小的孩子玩耍的滑梯，有个身形单薄的少年，手里拿着一个口琴，正轻声吹奏着。

"吵醒你了吗？抱歉。"少年用抱歉的眼神看着雪湖，月色下，他眉目清秀，过分苍白的脸色透露了他身体不太好的事实。

"没有，我睡不着，起来走走。"雪湖在他身边坐下，仰起头看着天上的繁星，"记得小时候，我阿爹就喜欢带着我在外面乘凉、看星星。"

"那……"少年似乎想问什么。

"显而易见。"雪湖淡淡地说，"会在这种地方的，都是被抛弃的。"

少年的眼波猛地一颤，脸色也变得不太好："并不是抛弃，只是不能继续守护而已。"

这篇文章的人设很独特，女主是一个兔唇女孩，但兔唇不是这篇文章最大的独特点。很多新人作者为了让自己的文章独特，有时候会故意让主角患上一些奇奇怪怪的病，而且新人作者写作功底有限，很容易会把文章写得很虚假。

文章开头讲了女主雪湖被抛弃后被阿爹收养，成为一家人，阿爹为了给女主治病来到大城市，住桥洞、拾荒的故事。

作者写完女主一家人住桥洞的生活后，并没有顺叙写下面发生了什么，而是画面一转，突然提到了孤儿院，并安排女主遇到了男主。这时候，作者就开始抛伏笔了，读者就会有疑问："女主为什么突然出现在孤儿院里，阿爹和狗去了哪儿？"这个伏笔一直延续到文章结束，结局时才以一条狗的视角揭开谜底：女主快十八岁那年，偶然在桥洞里看到了一条老狗，她觉得很像阿黄，追着这条狗到了"人生杂货铺"，老狗阿黄在这里用自己最珍贵的记忆换取了女主的美好生活。女主在杂货铺里通过阿黄的眼睛看到了阿黄的记忆，明白了珍惜的道理。

通过狗眼延伸、发展剧情，这是文章的一大特点。

作者文风老练，不管是环境描写还是气氛渲染，都非常有功底。只有用这样有功底的文字驾驭既虚又实的故事，才不会显得故事过于虚浮。

08 短篇小说投稿注意事项

短篇小说投稿，需要遵循一定的格式。

现在，无论是长篇小说投稿还是短篇小说投稿，一个重要的方法是通过邮箱投稿。投稿时，一般要求写明邮件名称、作者基本信息，正文以附件的形式发送。

邮件名称一般是文章标题＋作者笔名，短篇小说最好直接在邮件里附上正文，附件中同时附上 Word 版稿件，因为不同编辑的阅读习惯不同，有人喜欢打开邮件就直接看到正文，有人喜欢看附件，两者都有，会大大方便编辑审稿。

投稿格式真的非常重要，不管写得如何，规范的格式会在编辑看到投稿的第一眼时给其很好的印象分，这样，稿子就多了一分被选中的机会。

格式方面需要注意以下几点。

第一，将全文划分为几个章节。

文章在杂志上刊登的时候，几乎都是有分章节的，一般一篇文章分成 6～8 个章节。除非是几百字、一千字左右的文章，否则都应该适当划分章节，因为过多的字数堆积在一起，读者看起来很累，文章也容易显得没有层次感。划分章节还有一个优点，即便于作者根据章节设置情节发展，把"起""转""承""合"根据章节卡在点上，这样文章才会波澜起伏，张弛有度。

第二，不要投字数不符合要求的文章。

不同的平台，对稿子的字数要求不同，有的平台一篇稿子只要一两千字，而有的平台一篇稿子需要 8000~10000 字。想要成功通过编辑的审核，稿子的字数必须与对方的要求相符。

笔者做了十年杂志编辑，所在的杂志对稿子的字数要求一直是

8000～10000 字，但笔者的邮箱经常收到 3000 字左右的投稿，这样的文章，编辑根本不会看完，根据字数就会把稿子淘汰。编辑看稿的速度很快，因为邮箱中常有上千封稿件，初步筛选不可能逐一仔细看，所以这些字数不符合要求的文章，是最先被刷掉的。

第三，不要发只有开头的文章。

短篇小说投稿和长篇小说投稿的一个重要区别是长篇小说投稿通常先投大纲和一部分正文（开头），但短篇小说投稿必须投全文。笔者曾收到"编辑麻烦帮我看一下这个开头怎么样，如果好我再继续写"的投稿，这种也是会被直接淘汰的。因为只看一个开头，根本看不出稿子的整体质量如何，而且这种行为会让编辑觉得你并没有重视自己的作品，且写作能力有待考量，自然不会浪费时间给你反馈。

09 知乎风小说写作要点

网文写作，并不一定只能写百万字的长篇小说，短篇小说同样可以在网络平台发表，其中一个非常重要的短篇小说投稿渠道是知乎，甚至已经衍生出特定的"知乎风"小说类型。

相信很多刚刚进入知乎，或者想要涉猎知乎写作的新人作者，会在初阶段看着知乎的茫茫文海不知如何是好。别担心，接下来给大家带来的是一篇保姆级新手教程。

知乎平台简介

老话说得好，知己知彼，百战不殆。投稿前，我们要了解什么是知乎风小说，了解为什么知乎风小说这么火。

知乎平台的用户整体偏年轻化，主要以社区问答的方式建立话题圈子，实现真实问答互动、实时创作。

官方数据表明，2021年年底，知乎平台拥有累计4.9亿条多元化内容，月活跃用户1.03亿，可见流量池之大。

现阶段，知乎风小说已经成为很多作者的投稿首选，那么，什么类型的小说叫作知乎风小说呢？

知乎风小说简介

知乎风小说和传统的小说大不一样，主要表现在以下3个方面。

（1）篇幅字数。知乎风小说有短篇与中长篇之分，短篇字数以1万~2万字为佳，最多到6万字；中长篇字数基本在20万字左右；新人作者去写知乎风小说，建议从短篇入手，成本低、验证快。

（2）知乎小说以第一人称为主，也就是用"我"的视角去建构一篇小说，目的是让读者更有代入感，让内容更贴近现实、真实化。

（3）情节内容完整，节奏快。

如果要给知乎体小说的全文结构划分重要性占比，开头要占70%。一个好的开头，一定要直击主题，新颖不落俗；要让读者看完文章的前3～5行的时候，就被激发阅读兴趣。

正文主线一定要完整、清晰，每个小节的结尾和开头都要设计铺垫——转折——悬念，这样才能引发读者的共鸣和积极讨论，正向的数据，如点赞，就能越来越多。

但是，如果一味地抛梗，为了反转而反转，这样的内容有很大的风险，很考验作者的写作能力。

如果开头惊艳，内容充实精彩，在结尾还能够点明主题，赋予文章更多价值，厘清所有悬念和伏笔，那这篇文一定是"盐选好文"（被知乎盐选收录，供读者付费阅读）。

知乎风小说投稿方式

知乎流量分为私域流量和公域流量，很多用户会直接在创作中心直接发布文章，这属于私域内创作，流量较低；建议大家去社区问答中选择合适的问题，以回答的形式发布内容，社区问答属于公域流量，浏览量更大。

那么，应该怎么寻找问题呢？

方法有两个：一是多看，二是多写。

以电脑端为例，登录知乎后，在首页找到频道标识，将"故事"加入板块，即可从频道导航栏中进入故事频道，浏览海量故事问题。多看高赞问答，可以汲取写作经验。

打开创作中心，选择"问题推荐"选项，再单击"管理擅长领域"，将自己感兴趣的小说领域添加为自己擅长的领域，以后每次登录都可以收到相关问题推荐。

知乎平台上，有几乎所有的故事类型，涉及的元素和题材类型是非常全面的。

创作者可以根据自己擅长的内容去选择，比如，擅长言情小说写作，就可以先多关注古言、现言、校园、穿越类话题；再根据话题下的数据，如关注人数、点赞量等，去选择热度较高的话题，撰写回答。

比如，一个话题下的回答数>100，说明这个问题的热度是较高的。

除了刚才说到的问答创作方式，也可以直接从后台投稿。

在知乎创作中心，以电脑端为例，进入创作者中心，单击"收益变现"，单击"成为签约作者"，在左上角点击"创建作品"，即可进入投稿编辑页面。在这里填写你的文章类型，如作品名称、作品梗概等。填写后单击"保存"，然后选择是在线创作，还是选择已发布内容进行投稿。

选择已发布内容进行投稿是比较推荐的方式，因为这样编辑也会注意到原回答的数据，从而可能会提高过稿率。

在线创作后投稿时，作者会看到"仅投稿"和"投稿并发布会"这两个选项，它们的区别是前者不发布在平台，只有知乎制作人能在后台看到你的稿件；后者是编辑收到投稿的同时，稿件内容也会直接发布在知乎平台上。

投稿后想要查看审核结果，可以单击作品管理模块查看投稿内容。

选择"仅投稿"选项，只有后台制作人能看到稿件；选择"投稿并发布会"选项，稿件会直接发布在平台中。

投稿申请有次数限制，后台投稿每月有 3 次机会，审核时间为 20 个工作日。想要查看审核结果，可以单击进入内容管理模块。

内容变现途径

投稿之后有人看、有人点赞，就有稿费吗？不是的。知乎内容分为免费和盐选，成为盐选作者，发布的内容才为付费内容，才会获得收入。

那么，怎么成为盐选作者呢？

第一种方式是从后台投稿，通过审核后，会有站内消息通知投稿内容通过初审，添加知乎制作人联系方式，进行一对一沟通后，成功签约，成为盐选作者。

第二种方式是站内直接发文后等待制作人挖掘，制作人会通过站内消息联系你，添加制作人联系方式后进行一对一沟通。

什么样的内容容易被制作人挖掘呢？目前有一个公认的数据：7日内赞同数超过1000，会有极大概率被制作人联系。

知乎的签约方式是电子签约，只签约投稿作品版权，不签约作者其他作品的版权。内容收入与平台五五分，作者获得扣除渠道费后的50%收益。结算方式是月结，当月会推送上月的稿费结算单，确认账单后就可以等待稿费发放了。

10 打造爆款知乎风短篇小说

前文介绍了知乎风小说的基础知识，接下来介绍怎么打造爆款知乎风短篇小说。

很多人有这样的误解：长篇小说写作比短篇小说写作难。其实不然，在注意力稀缺的时代，短篇小说的写作难度不仅不逊于中长篇，其要求甚至要高出一筹。下面笔者以短篇小说《当一个白富美开始养猪》为例，介绍打造爆款知乎风短篇小说的方法。

（1）贵新：写别人没写过的。

新颖是知乎风短篇小说写作的核心。短篇小说发展至今，各类设定几乎都被写过了，人家写"霸总"，你也写"霸总"，无异于"炒冷饭"。想在众多作品中脱颖而出，一定要有至少一个创新点。

新颖的核心之一在于主角的人设，人设会延伸到故事背景："白富美"常见，养猪的"白富美"不常见；医生常见，泌尿科的医生却鲜少成为故事的主角。在《当一个白富美开始养猪》一文中，女主就是一个"堕入凡尘"、穿着香奈儿养猪的"白富美"。强烈的人物反差，当即就能引起读者的阅读兴趣：为什么"白富美"要去养猪？她能适应养猪生活吗？

当然，人设不是越冷门越好，而是需要能够合理地融入整个故事，不能为新颖而新颖。过犹不及，过于冷门会让故事显得怪异。人设要反复提炼、修改，找到最合适的元素搭配。

（2）贵简：精简语言，精简故事情节。

短篇小说之所以短，不是因为剧情简单，相反，是要用精练的语言书写快节奏的情节。幽默和"网感"是知乎风短篇小说的精髓。"网感"，简而言之，就是囊括网络热点，语言通俗有趣，熟练运用网络上为人熟知的"梗"。知乎风小说的写作过程中，需要舍去所有可有可无的对话，保留最核心、最能吸引人的内容。

除了对话的浓缩，整体的语言文字风格也需要尽量简洁。句式要短，手机阅读时代，2～3行字已经是长段，1～2行为一段最佳。对重要信息施以浓墨，次要信息一笔带过，既能形成明快的节奏感，也能突出重点、方便阅读。

如果是创作付费阅读文章，要特别注意付费点情节的设计，付费点通常设置在4000字左右的位置，必须写出有新意、让读者感兴趣的桥段，一般是故事的第一个小高潮，这样才能吸引读者进一步阅读。

（3）贵实：职业设定贯穿情节始终。

《当一个白富美开始养猪》是一个在养猪场发生的故事，每个情节都和养猪的细节相关，大的剧情转折也事关养猪场的发展。另一篇小说《不要和泌尿科医生相亲》则以女主患泌尿结石入院，遇到身为泌尿科医生的男主作为背景，情节发展以泌尿结石相关内容为轴自然展开。职业设定各不相同，作者要根据设定勤查资料，如查询养猪场的发展细节、相关病症的诊疗细节等，作为剧情发展的现实依托，故事才能显得真实。

此外，写作过程中需要注意做到感情线与故事线相融合。感情线的发展大同小异，要让一段感情不落于俗套，根本在于将其和独特的故事线结合在一起：别人告白用钻戒，我的男主告白用女主的结石，就显得与众不同。特别要注意的是，写作过程中当注意扬长避短，做好扎实的资料收集，如果要写的内容实在是知识盲区，可以用春秋笔法带过，以免贻笑大方。

知乎风短篇小说赛道竞争激烈，但是通过短篇小说写作的打磨，作者的人设塑造、剧情排布等能力都会有显著提高，当然，前提是付出时间和精力去钻研、总结，努力写出设定新颖、情节紧凑、细节真实的好文。

前三点是宏观上的讲解，接下来介绍几点在短篇小说创作时要格外注意的细节。

（1）明确作品定位。

只有确定作品的定位，才能明确故事的受众，让作品内容更受欢迎。写悬疑惊悚文，需要营造紧张的氛围，设计跌宕起伏的剧情反转，要让读者感受到坐过山车般的刺激感；写虐恋情深文，需要突出主角细腻的情感，恨无解、爱不得；写复仇爽文，需要有"先弱后强"或"扮猪吃老虎"式的反转……明确作品定位之后，整篇文章的文风和写作套路也就基本确定了。

（2）人设不要过于复杂。

对于情节紧凑、节奏较快的短篇小说而言，人物设定不能太过复杂，不然读者在阅读时，很容易产生混乱感和割裂感。短短几万字的篇幅，读者需要看到的只是对故事进程起决定性作用的那部分人物设定。比如，悬疑文中，在写警察追捕凶手时，不用写警察是如何和家人相处的，除非他的家人是凶手的下一个目标。

需要注意，因为短篇小说人物设定不能过分复杂，所以常常会出现过于标签化、缺少新意的问题，有一个技巧可以解决这个问题，那就是前文提过的构建"反差感"。比如，大多数人都在写"精英男 × 呆萌女"，那你就写"表面呆萌实际腹黑女 × 工作精英情感迟钝男"，利用这种反差带来的冲击，让读者产生阅读兴趣。

（3）开头必须有"爆点"。

知乎风短篇小说中，一定要有一个瞬间就能吸引读者阅读兴趣的"爆点"，这个"爆点"可以是标新立异的人物设定，也可以是匪夷所思的故事情节。这个"爆点"写得好不好，直接决定了读者会不会点开文章阅读。

把文章中的一个或几个亮点，用"蒙太奇"的表达方式讲出来，故布疑阵，引诱读者深入阅读，探寻具体发生了什么事，是不错的写作技巧。

（4）把控好关键情节。

有很多人会因为突然想到一个很有趣的情节，就决定提笔创作，把它写成一篇小说。这样开始写小说，很容易写着写着就发现，预想中别具一格的创意想法变成了一篇平平无奇的流水账。这是因为没有控制好情节节奏。

在知乎风小说中，大概三分之一处要出现一个关键情节点，它的重要性不亚于开头，因为它将决定读者会不会为了看后文而付费。写知乎风小说时，成熟作者常常会把关键情节点放在开头以吸引读者，之后在付费节点处再次出现，既是为了与开头呼应，让文章不偏离主线，又是为了强调这部分让读者产生阅读想法的情节。

关键情节点大多是打破主角原本状态的事件，可以是出乎意料的反转，可以是解开困惑后出现的新悬念，也可以是角色所知与读者所知不对等的设计……总之，要带动读者情绪，让读者产生意外感，想要继续读下去。控制剧情节奏的过程，其实就是控制读者心理的过程。

（5）作者心态是影响作品质量的因素之一。

不少作者在作品写到一半时，会因为觉得自己写得很差，萌生放弃的念头。建议大家别急着给作品"判死刑"，不论好坏，一定要坚持写完。写完之后也不用急着改，关掉这个文档先去做别的事情吧，换换心情，等两三天或者一个星期之后重新看文章，大多会有一种"旁观者清"的感觉，或许会发现文章并没有当时想的那么差劲，这个时候再修改文章，说不定会有意外之喜！

衷心希望以上内容能帮到想要写好短篇小说的作者！

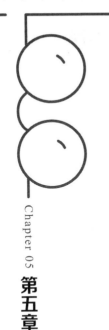

Chapter 05
第五章

影视向IP与出版小说写作

作者：由·得林洛斯。
火星小说等文学网站签约作者。
代表作《派的封印之城》（改编成快手短剧《困兽》）《魔鬼的颤音》《蚀日》《月神的禁区》《天使进化论》等。

01 什么样的小说更适合影视改编?

这些年,很多大火的影视作品来自大火 IP 的改编。

很多作者在考虑:什么样的小说容易被影视方看中,实现作品商业价值变现呢?

影视公司在采购 IP 的时候,主要看重两个方面:一个是作品的热度,小说本身有大量读者,会给改编后的影视剧带来流量保证;另一个是小说题材要非常切合影视公司的计划,比如,最近影视公司判断民国题材比较有市场,要拍民国题材的电视剧,那么版权收购负责人就会特别留意小说市场里民国题材的作品。

前些年,影视市场收购小说 IP 进行影视剧改编出现了一个高峰期,很多作者都卖出了自己作品的影视版权。但是近年来,影视市场慢慢降温,影视公司对 IP 的购买变得慎之又慎。

大家可以看到,有些非常火爆的作品改编成影视剧之后,并没有收到很好的市场反馈,而有些似乎并不是特别出名的作者的作品,影视化之后开始广为人知,作者知名度跟着水涨船高,后续的作品卖出了很好的价格。

容易影视化的小说作品有一个共同的特点,就是情节非常丰满,人设很突出。这是和出版类小说或者网络小说相比最为明显的区别,拿剧本来举例子,就很好理解了。

第五章　影视向 IP 与出版小说写作

剧本的要素是场景、动作、人物对话，人物的内心独白或者旁白都很少用。写"小王上山拜师，进入仙门"这个情节时，如果按小说的表达方式，要写小王为什么想去修仙，他动机是什么，他的出身背景如何，他怎么上的山，遇见了什么困难，最后才拜师，要用几千字才能写清楚。但是用剧本的方式表达，只要写小王上山之前在休息，别人问："小伙子，你从哪里来啊？"小王回答："我是某地人士，想上山拜师学艺。"一个场景，几句对话就解释清楚了。

很多文艺作品里有大量的独白，以及很多场景描写，或者作者本人发表的议论，这类表达方式在阅读的时候可以增强读者的代入感，但并不适合影视化。

举个例子，要描述"小王有血海深仇"，必须用具体的情节来支撑，比如，上山之前被人追杀，仇家不让他拜师学艺；又如，他拜师之前被人歧视，因为出身不好，被师兄弟排挤，不让他见师父……这些都是具体的情节，非常方便改编成镜头语言。

影视公司采购 IP 的时候，会评估小说的情节够不够丰富。如果"小王身世坎坷，想上山拜师"这样一个简单的情节，在整本书中占了十分之一的比重，那么情节量就是不够的，若是采购这个 IP，后期需要编剧花费很多精力去增加情节。

很多网文里有大量"注水"的情节，十几章写的是同一件事情，如果这样的小说要影视化，编剧会不得不删掉很多无用的旁枝，增加主线情节。这个过程是让人叫苦不迭的，也是为什么有些小说的读者会觉得拍出来的电视剧或者电影和原著看起来好像毫无关系。

这其中有编剧的原因，比如，对小说的理解不够深；也有IP本身的问题，即这类小说并不适合影视化，但是因为数据不错，影视公司又采购了回来，只能硬着头皮拍摄出来。

所以，新人作者如果想售出自己作品的影视版权，一方面要努力让自己的作品拥有更好的数据、更多的读者；另一方面要多研究市场走向，写出市场需求量大、情节饱满、人设突出的作品。

市场的走向变幻莫测，近期播出的影视剧，很多是已经杀青一两年的作品，采购版权也许在更早之前。这需要作者和一些资深编辑保持联系，他们的市场嗅觉往往比埋头创作的作者要灵敏。

比如，十年前，笔者听到编辑说，现在市场非常需要探险类的悬疑小说，希望作者多创作这类型的小说。果然，不久之后，这类小说售出了不少影视版权，五六年之后，这类小说改编的影视剧终于在平台上播出了。这个时候，IP采购的方向早就已经换了。

不过，对于习惯埋头创作、不愿意分心思考市场运作的作者来说，笔者认为，专心写出好作品也不失为选择之一，因为市场总会换到你写的那个领域，厚积薄发，也是一种出路。

02 | 适合影视改编的小说类型有哪些？

写哪一类小说更适合影视改编？

适合影视改编的题材有都市言情、职场、仙侠、悬疑、民国、追凶破案等。一直以来，职场情感/行业剧都很受欢迎，也很容易被改编成电视剧，但是需要作者将所选择的行业讲得深入，或者行业属性比较新颖，并且感情戏能够和所选行业很好地融合起来，代表作品如《翻译官》（改编电视剧名为《亲爱的翻译官》）。

除了职场情感/行业剧，现实主义题材也属于比较容易被影视化的题材。现实主义题材的内容主要为弘扬主旋律，反映时代变迁或城市发展等内容，如《大江大河》。

适合网剧改编的类型有青春成长、文风轻快的古言、脑洞大的现言/古言、恐怖悬疑等。网剧最大的特点是节奏明快、脑洞大，代表作品有青春爱情悬疑题材的"法医秦明"系列，青春爱情类的《奈何BOSS要娶我》，热血情感题材的《你和我的倾城时光》《旋风少女》，古装剧《双世宠妃》等。

适合电影改编的题材有文艺类（代表作品《第一炉香》）、都市言情类（代表作品《致我们终将逝去的青春》）、恐怖悬疑类（代表作品《鬼吹灯》）、追凶探案类（代表作品《心理罪》）等。

上面列举的几种类型，笔者都标出了比较有代表性的热门电视剧或者电影，大家写作的时候可以看看自己写的类型在近期市场上有没有对标作品，如果有，可以参考一下这些作品是如何设置情节、打造人设的。

除此之外，需要注意，现在影视作品面向的大多数观众是女性，所以作品最好多考虑女性观感，会更容易售出影视版权。

03 | 新人在写影视向小说时应该注意什么问题？

新人在写影视向小说时，需要注意以下几个要点。

（1）时效性和热门性。

影视市场，从根本上来说是资本市场，资本的本性是逐利的，所以一个爆款剧出来后，肯定有很多影视公司想要复制爆款，因为只要是爆款，就说明有观众、有市场，赶着爆款剧的余温，大概率会有不少观众买账。这时候，赶紧写个同类型作品，发表在网站上，或者给出版公司投稿寻求出版，被影视方看上的机会会大很多。

比如，《欢乐颂》《我不是药神》火的时候，影视公司会到处挖掘现实题材的作品。又如，《流浪地球》火了，科幻作品随之好卖很多。

（2）考虑拍摄成本。

和长篇小说一样，影视向小说中，大纲有非常重要的作用，有时候，作者的大纲写得好，全文没写完都可能被影视公司收购版权。

影视向小说的大纲打造过程和前文详讲的长篇小说大纲打造过程差不多，区别在于影视向小说在构思大纲的阶段，就要给这部小说做一个初步的影视化预算。

对于网文写作来说，有天马行空的想象力是件好事，影视向小说则不然，受多种因素影响，不是什么内容都可以拍出来的，比如，仙侠剧中的很多场景需要用到特效，而特效场景的制作成本很高，同等质量下，影视公司会优先考虑不需要做那么多特效的小说进行改编。

影视剧拍摄第一考虑的就是预算问题，不然内容写得再好，耗资巨大或者有些剧情根本拍不出来，也很难被影视公司选中。

04 男性向 IP 和女性向 IP 的区别

小说分为男性向和女性向是日本出版业最先提出来的，后来，我国的网文开始分"男频""女频"，随着市场的发展，一些文学网站开始有很明显的性别倾向，比如，晋江文学城主打女性向小说，起点中文网的主站作品以男性读者为主。

男性向 IP 强调的是传统文化里男性内心渴望的东西，比如，地位、财富、友情，它的基调是热血的、气势磅礴的；女性向 IP 则更看重爱情、亲情，基调是细腻的，气质更为精巧、秀气、缠绵悱恻。

性别偏向只是影视方在采购的时候做的一个区分，事实上，影视剧播出之后，所谓男性向 IP 改编的作品，会有不少女性观众，但女性向 IP 改编的作品，则并不见得有那么多男性观众。因此，很多业内人士认为，影视剧观众这一块，女性本身就是一个巨大的市场，近年来，影视方也更加看重女性市场，对于女性故事的描写，不再局限于亲情和爱情，开始重视女性的"事业线"和"友情线"。

这从侧面说明，观众口味在变化，市场在变化，作者的创作需要更加贴近时代的发展。过去的男频小说里会存在的一夫多妻、男尊女卑等思想，现在的观众群体不会买账，需要对原著做一些调整。

男性向 IP 分两大类：一种是数据为王，另一种是有相当精彩的故事框架。前者大多是网文，后者则以出版的图书为主。

起点中文网上的很多小说都售出了影视版权，这些小说的篇幅很长，作者更新稳定，培养了一大批固定的读者。这类小说大多是架空背景，有一套完整的世界观和升级制度，因为架构很宏大，故事线也比较长，这类小说翻拍成影视剧有一定的难度，但是因为有庞大的读者基础，影视公司舍不得放过它们，就算不能拍成影视剧，也可以改编成动漫，或者开发成游戏、有声书、剧本杀等，比如，《斗罗大陆》《武动乾坤》等。

有的小说凭借过硬的故事框架、立体生动的人物,适合开发成有一定深度的影视作品,比如,马伯庸的《长安十二时辰》《古董局中局》。作品具备一定的历史知识和专业知识,很容易吸引有这方面题材需求的影视方。

值得一提的是,影视中涉案的题材,比如警察办案等,在影视审核过程中要多过一道公安部审核的流程。影视公司在选购这类 IP 的时候,有时会因为审核多一道程序而加大成本和风险,直接选择放弃,所以作者在写作涉案情节时要注意斟酌。

女性向 IP,过去的故事集中在对"关系"的塑造上。爱情是一种很典型的"关系",除了爱情,还有职场关系、家庭关系、师生关系,以及更复杂的社会关系。女性向 IP,更多的是讲述不同类型的人,他们之间的"关系"在变化,而人物多半是围绕"关系"塑造出来的。

比如"爱情"关系,前些年特别流行霸道总裁和"傻白甜"的爱情故事,后来开始流行男强女强、男女主角在爱情和职场中齐头并进的爱情关系,将来也许会发展出新的受欢迎的关系类型。

在情感题材的 IP 采购中,影视方关注的是"关系"所处的大环境,比如,是职场恋爱还是校园恋爱,抑或是在一段本应互相仇恨的关系里反复纠葛结下的情意。女性向 IP 前些年非常有市场的是仙侠、古代言情等,近年来,影视方更偏爱现实题材,提倡接地气、回归生活。

值得注意的是,随着女性意识的觉醒,影视方开始重视挖掘女性成长类作品，开始重视女性在一段关系里的主动权。面对这种市场变化，作者可以通过多观察社会热点新闻，以及舆论动向，来寻找创作的突破口。

说回作品的本质，好的作品，其实在男性向、女性向的划分上没有那么严格。以《庆余年》为例，小说创作的时候，针对的群体更多是男性，但是改编成影视剧之后，女性观众也不少。范闲年少成名，一路有各种大人物保驾护航，邂逅各种类型的红颜知己，这是男频网文常见的套路，但是因为作者对人物进行了精彩刻画，加上编剧做了非常精彩的改编，影视化后获得了很好的口碑。

05 | 青春向 IP 和成人向 IP 的区别

青春向 IP 改编出来的知名影视作品特别多，比如，《致我们终将逝去的青春》《匆匆那年》《棋魂》《风犬少年的天空》等，都大受好评。

青春向故事和成人向故事最大的区别是，前者以青春少年群体为主要受众，他们的情感偏好是纯粹的、热烈的，和现实世界的碰撞是残酷的。早期，青春小说大多被赋予"疼痛文学"的标签，讲述的是一个个美好的朦胧爱情在现实世界里凋零、枯萎的故事，让观众想到自己青春时的不如意。后来，影视行业提出了一个概念，叫"泛青春"，将青春题材外延、扩大化，最典型的作品是《棋魂》，这部影视剧改编自日本漫画，但是和本土结合得非常好。

青春固然脆弱，但是青春少年们面对挫折时并不是束手无策的，他们有跌倒后爬起来的决心和毅力。"泛青春"概念的提出，让过去局限于朦胧情感、升学考试的主题，扩大到"梦想""友情""热血"。比如《全职高手》，也可以看成是这类定义下关于"青春"的刻画，虽然主角已经二十多岁了，但是他追求梦想的信念感，和青春少年的固执与坦诚一脉相承。

相比之下，成人向 IP 要处理的问题会更加复杂、更加现实，单纯的"梦想"和"爱"已经不能完全抵抗现实的压迫了，角色面对的社会关系更加复杂，需要权衡利弊。比如，热播的《三十而已》《都挺好》《小敏家》等影视剧，需要更多现实的思考和应对问题的方法。

成人向 IP 中还包括一些严肃主题的故事，比如《山海情》，它里面的"梦想"和"爱情"远远不如青春小说那样轰轰烈烈，但是它传达了一代人的时代使命。要写出这种故事，需要作者更加深入、细致地观察生活、了解生活。成人向 IP 在数据上可能没有热门网文讨喜，但是从这几年影视公司收购 IP 的偏好看，这种类型非常受欢迎。

作者在创作这种类型的小说的时候，可以在人物冲突和时代相关的点上多下功夫，和时代密切相关的故事更容易受到影视方青睐。

06 影视向 IP 和出版向小说的写作区别

影视向 IP 和出版向小说是部分重合的。能够出版的小说一般都很优秀，而影视改编的小说大多在已经出版的小说里选。

前文有提及影视向 IP 的特点，即故事情节要紧凑，人物要丰满，主题要突出。影视向 IP 和纯粹赚取点击量的网文不太一样，它需要一些深度，也需要一些文学性，更重要的是，它需要非常强的故事性。

好故事是影视向 IP 的灵魂。

如果想写影视向 IP，一定要当好一个讲故事的人。

这里用村上春树的《挪威的森林》举例子。这本书作为文艺小说很受欢迎，但是拍成电影之后，似乎失去了原本小说里很多深刻的东西。因为这本书的故事情节其实很简单，就是一个男大学生爱上了自己已逝朋友的女友，发生关系之后，两个人不知如何自处，随后，男生邂逅了一个大学里的学妹，在两段关系里，他选择了自己的学妹。

小说涉及日本特殊的学潮背景，男主特殊的惆怅，以及青春期、抑郁症等问题，这些都很难用电影的形式来表达。这类小说就算影视化，呈现出的内容也很难和原著比较，因为《挪威的森林》本身是一部文艺类小说，而文艺类影视剧在我国的市场太小，电视剧、网剧等影视表达方式更适合情节曲折的作品。

第五章 影视向 IP 与出版小说写作

观众喜欢看什么？要么是贴近自己生活的事情，要么是自己生活里从来没有发生过，但一直向往的故事。不信大家看看仙侠剧，神仙依然像凡人一样在谈恋爱，就算是谍战剧，间谍的家长里短也为观众所津津乐道，如《潜伏》《对手》。

一定要记住，影视向 IP 里，不但要有精彩的情节，还要有贴近观众生活的元素。文艺小说改编的影视作品之所以大多数不太叫座，是因为它传达的更多的是作者的理念，想要改编好，需要编剧加入大量贴近生活的剧情。

比如《七月与安生》，原著小说是偏文艺的，剧情很简单，即两个女性好友爱上同一个男人，一个离家出走，一个留守本地结婚生子的故事。里面有很多跌宕起伏的情节是用大量的叙述性语言带过的，比如，安生在外颠沛流离，克制着对男主的爱恋，逃避着爱情和友情的两难抉择，选择"放逐自己的青春"。影视化的时候，对原剧情做了很多改编，最大的改编是最后选择安定生活的是安生，而不是七月，两个女孩子交换了彼此的人生。而男主"家明"并没有和七月安稳平顺地结婚，安生对七月的记忆，竟然大部分是自己虚构出来的。电影的戏剧冲突性比原著小说强了很多。

这里不是说原著小说不好，而是大家要看到，把这类文艺作品改编成成功的影视作品，影视方需要投入更多的心血。《七月与安生》原著作者庆山（原笔名为安妮宝贝）算是互联网文学的先驱，代表的是一代人对网络文学的记忆，她的票房号召力毋庸置疑。与她相比，面对普通作者，影视方不见得有耐心去为作品的影视化过程投入太多成本和心血。所以，为了增加被影视方选中的机会，建议写一些更加便于改编的作品。

再举一个例子,《全职高手》的原著小说非常长,电视剧和动漫都是截取其中一部分情节来改编的。仅仅是这部分情节,便极大地满足了观众追求情节曲折、反转、扣人心弦的要求。《全职高手》是"群像小说",每一个配角都有自己的行为动机和行为模式,每一个章节都给观众留下悬念,整部作品始终围绕着"热血""梦想""青春"创作,作者甚至没有让角色大张旗鼓地谈恋爱,而是单纯讲述电竞选手们奋斗的青春,其中穿插富有生活气息的桥段。这么一部主题突出、人物丰满、情节丰富的作品,被影视方热捧一点都不意外。

下面谈谈出版向小说。

小说语言和影视语言有很大的区别,如果有心创作吸引影视方采购的作品,写作时就需要避免比较意识流的描述,整理出故事的主线脉络,最好做一个人物关系导图,送审的时候,可以跟着大纲一起送上去。

小说出版的流程比较长,需要等好几个月,有些时候在出版公司能过审,也不见得能在出版社过审。

出版向小说的篇幅一般是二三十万字,如果超过了四十万字,就要分上下两册出版。图书出版,要通过出版社的选题审批,所以作者要对自己的故事有一个明确的市场定位。作者可以去当当等图书网站查看同类型小说热销榜,热销的图书会给作者提供市场动态。

研究热销图书的时候,要注意看它热销的点在哪里。大众的阅读层次和作者的阅读层次往往存在着一定的区别。

比如，市面上有一套关于儿童心理学的书，卖得特别好。仔细阅读这套书就会发现，里面的内容特别简单，但是简单的内容，恰恰非常符合新手爸妈的需求。不仅如此，这套书还配有简单明快的漫画，小孩子阅读的时候，减少了很多障碍。

从这个例子可以看出，很多热销的图书其实就是作者表达出来的东西和读者的接受能力之间没有鸿沟。有些作品曲高和寡，很难引起读者共鸣，就很难有较好的销量。

不过，很多新手作者写出来的作品卖不动，并不是读者的接受能力不够强，而是作者本身的表达有问题。作者过于陶醉在自己的叙事氛围里，写出来的故事是跳跃的，或者是平铺直叙的，没有好好"讲故事"，读者自然不太买账。

《还珠格格》的作者琼瑶的文化水平并不算高，但是她写出来的书，几乎每一本被都改编成了影视作品，而她的第一任丈夫是台湾大学中文系的高才生，一心要写一本惊世骇俗的作品，却迟迟没有写出来。有一次，她的第一任丈夫很困惑地看了她的作品，不懂为什么这样的作品也有人喜欢，明明就是写故事而已。琼瑶不服气，说："我就是在写故事，我就爱写故事！"两个人不欢而散。

琼瑶的学历水平和文学水平一度被文学评论家所诟病，但是他们忽略了一点：写小说最需要的是叙事的才华，而不是文学底蕴。

童话大王郑渊洁的学历也不高，武侠小说家古龙是高中肄业，但他们都有非常优秀的"讲故事"的本领，能牢牢抓住读者的心。读者跟着这些作者的笔触，能很轻易地走进一个个绚丽多彩的世界。

所以，在写小说的时候，作者一定要放平心态，切不可高高在上地进行生硬宏观的叙事,而是要像一个说书人,把故事徐徐在读者面前摊开。

07 开头如何写能吸引影视制作方

笔者接触过一些已经售出影视版权的小说。平心而论,部分小说的情节略为拖沓,改编成影视剧的时候,编剧需要进行大量删减与填充。为什么这类作品有缺点但依然顺利售出了影视版权?原因是它们的开头的确写得很好。

小说的开头想吸引读者的注意力,最重要的是要有冲突。冲突是戏剧不可或缺的一部分,如果小说开头的冲突足够,那么很容易让影视公司版权收购部的人注意到。

冲突不仅是情节的冲突,还可以是人物处于两难境地的状态冲突,比如《射雕英雄传》,小说开头,丘处机杀了卖国贼,为了躲避追杀躲到了郭杨两家,和郭杨二人发生冲突,这个冲突本质上还包含着南宋和金国之间的冲突。杨铁心的妻子包惜弱发现了受伤的完颜洪烈,在知道他身份的情况下救了他,引来了杀身之祸,这又是一个矛盾。这些矛盾、冲突不断把原本安居乐业的两家人推向妻离子散的命运,而江湖上本来没有联系的江南七怪、全真教逐一登场，整个武侠世界的画卷徐徐打开。

要知道，人物的性格会推动故事情节的发展，丘处机的疾恶如仇和暴躁脾气，很容易引发后续事件，而包惜弱的妇人之仁，也是给杨家招来血光之灾的原因。所有的冲突和矛盾都是水到渠成的，让人应接不暇。

现在的读者对冲突的要求越来越高，所以在矛盾的引发和冲突的制造上，一定要注意直接、迅速。小说开头的三万字能吸引读者读下去，脱颖而出的机会就更大一些。

如果实在不知道怎么写出吸引人的开头，可以研究一下知乎风小说。

前面章节介绍过，为了吸引读者，知乎风小说的作者会把全文最精彩、最引人入胜的片段放在开头，用倒叙的方式，让读者读下去。

举个例子，小说开头第一句话是"我和我的男朋友出去旅游，他非要带着一个姑娘，而那个姑娘一路上表现得特别诡异"——这种开头就埋下了很多伏笔，让读者很想看下去：这个姑娘是谁？她和"我"的男朋友到底是什么关系？她到底是怎么个诡异法儿？读者感兴趣了，作者就可以不紧不慢地开始叙述。

现在，互联网阅读讲究的是"黏性"，因为用户可选择的范围太广了，如果觉得一篇小说开头不够引人入胜，可能很快就放弃，后来的情节再精彩，那恐怕也没有机会展示。

网络阅读和实体书阅读最大的区别是网络读者是可以随时选择终止，而实体书读者已经为书付了钱，有更大的可能会看完。新时代造就新型阅读环境，作者需要时刻更新自己的写作习惯，才能确保自己跟上时代。

影视向 IP 和出版向小说的投稿平台

很多作者朋友关心自己的作品应该去哪里投稿，才有机会出售 IP，又或者去哪里投稿，才能让自己的小说顺利出版。接下来分别介绍。

影视向 IP 被选中的途径是多种多样的，有些是在文学网站上被推荐，有些是在阅读 App 上因为数据很好被看中，也有些是通过版权代理商推荐到各个影视公司。

作者投稿之前，要仔细阅读合作平台的具体要求，以及签约注意事项，有些合同是需要全版权签约的，意味着这本书所有版权的代理都必须通过平台进行，平台要分红；有些合作则比较宽泛，平台只是代理其中一部分版权。新人作者签订全版权代理比较多。

出版向小说一般通过出版公司出版，也有直接和出版社联系并报选题的作者，选题能通过出版社审核，大概率就可以出版。现在，实体书出版市场日渐萎缩，出版社更偏重于出版精品项目，即出版知名作者的书，或者指定选题的书。

作者如果有写作的热情，可以先将作品发布到网络平台，如果读者较多，出版是迟早的事情。正式出版时间可调整，然而作者的才华是有时效性的，二十几岁时写出来的东西，和三十几岁写出来的东西，视角大不一样。如果有灵感，就放手去写，不要害怕没有平台接受，毕竟现在的小说市场非常宽泛，只要笔耕不辍，总会找到适合自己的平台。